D1528736

clave

Héctor Toledano es autor de las novelas *Las puertas del reino*, *La Casa de K* y *Lara*. También ha publicado artículos, ensayos, cuentos, crónicas y traducciones en suplementos y revistas culturales de México, España y Estados Unidos. De manera paralela, ha trabajado como editor durante casi tres décadas en diversas editoriales públicas y privadas. Este libro le ha dado la oportunidad de reunir en un mismo proyecto las dos vertientes de su trabajo.

El poder
de la cautela

Máximas escogidas del *Oráculo manual
y arte de prudencia* de Baltasar Gracián

Selección, introducciones y comentarios
de Héctor Toledano

DEBOLS!LLO

El papel utilizado para la impresión de este libro ha sido fabricado a partir de madera procedente de bosques y plantaciones gestionadas con los más altos estándares ambientales, garantizando una explotación de los recursos sostenible con el medio ambiente y beneficiosa para las persona

Penguin
Random House
Grupo Editorial

El poder de la cautela
Máximas escogidas del *Oráculo manual y arte de prudencia* de Baltasar Gracián

Primera edición: enero, 2022

D. R. © 2022, Héctor Toledano

D. R. © 2022, derechos de edición mundiales en lengua castellana:
Penguin Random House Grupo Editorial, S. A. de C. V.
Blvd. Miguel de Cervantes Saavedra núm. 301, 1er piso,
colonia Granada, alcaldía Miguel Hidalgo, C. P. 11520,
Ciudad de México

penguinlibros.com

ISBN: 978-607-380-789-0

Impreso en México – *Printed in Mexico*

Baltasar Gracián en su tiempo
y en el nuestro

Mi primer encuentro con las máximas del *Oráculo manual y arte de prudencia* de Baltasar Gracián se dio de un modo tal vez poco habitual: leí algunas de ellas, traducidas al inglés, en un folleto de publicidad de una marca inglesa de autos compactos, cuando estaba viviendo por motivos de trabajo en Dallas, Texas. Me llamaron tanto la atención que conservé el impreso durante años, años en los que nunca dejé de volver a ellas de vez en cuando ni de sorprenderme cada vez ante su profundidad y agudeza. De modo que un autor que suele estar confinado a los morosos ámbitos de la academia, donde lleva mucho tiempo siendo desmenuzado por los especialistas en la literatura del Siglo de Oro español, se me apareció a mí en un país y en un formato que acaso representan el espíritu opuesto: el ligero y mercenario teatro de la sociedad de consumo. Creo que la naturaleza peculiar de este primer encuentro marcó de origen mi percepción de un autor al que se suele ubicar en un cuadrante distinto, me permitió constatar de manera inmediata el amplísimo rango de su utilidad y atractivo.

Algunos años más tarde, cuando regresé a vivir a la Ciudad de México, conseguí una modesta edición argentina publicada en la década de los cuarenta y comencé a leerla de manera ocasional, buscando y deteniéndome en lo que parecía responder a lo que reclamaba el momento. Para entonces yo ya estaba trabajando en un puesto saturado de intrigas y tensiones en la burocracia cultural mexicana. En el trato cotidiano con esa realidad impredecible y caprichosa, comencé a darme cuenta de que las máximas del *Oráculo manual* parecían remitirse de manera directa a muchas de las situaciones con las que tenía que lidiar y que sus indicaciones en cuanto a la forma de enfrentarlas resultaban invariablemente oportunas e iluminadoras. Lo que pudieron parecerme en un primer momento meras curiosidades de un pensamiento ancestral comenzaron a revelar su vigencia táctica en el rudo choque con la vida real. Puesto en el terreno de lo práctico, el *oráculo* se manifestaba, efectivamente, como un provechoso *manual*. Esta inusitada combinación de elevada sofisticación estilística y mundana eficiencia utilitaria llevó mi entusiasmo por el libro hasta un nuevo nivel.

Poco tiempo después empecé a escribir una novela, *La Casa de K*, que a partir de las convenciones de lo policiaco se ocupaba entre otras cosas de los temas del ascenso, la intriga, la rivalidad y la ambición. Una novela cuya trama comenzó a desarrollar, sin que yo me lo propusiera de entrada, matices francamente picarescos, al tiempo que su lenguaje tiraba hacia una cierta desmesura barroca, aspectos que me pareció que enriquecían su atmósfera *negra* y que me interesó acentuar. Se me ocurrió que algunos de los descarnados aforismos de Gracián podían ser el ingrediente adecuado para matizar ese efecto y decidí encabezar cada capítulo con uno de ellos, a manera de epígrafe, para lo cual tuve que abordar de nueva cuenta el *Oráculo manual* de una forma más sistemática. Esta relectura a fondo terminó de convencerme de la actualidad de la obra y me dejó con la inquietud de hacer algo con ella, algo que contribuyera a incluirla en una conversación más amplia. La presente edición es el resultado directo de dicha inquietud.

Baltasar Gracián nació el 8 de enero de 1601 en Belmonte, un poblado cercano a Calatayud, en Aragón, España. Su padre era médico, lo que ubicaba a la familia dentro de la reducida clase profesional de aquel entonces. Más o menos a la edad de doce años, Gracián fue enviado a Toledo a vivir con un tío suyo, sacerdote, quien lo guía en sus primeros estudios de las humanidades. También parece haber asistido a un colegio jesuita de la localidad. Al cumplir los dieciocho vuelve a desplazarse, esta vez a Tarragona, donde ingresó como novicio en la Compañía de Jesús. A partir de ese punto, su vida entera estuvo determinada por su pertenencia a la orden de los jesuitas, fundada apenas el siglo anterior por Ignacio de Loyola y marcada desde su origen por una inquebrantable aplicación a la lucha ideológica. A reserva de lo que haya podido ser su vocación religiosa, tomar los hábitos en una orden como la jesuita era uno de los pocos caminos abiertos a un joven de su condición social para recibir una educación superior y emprender una carrera intelectual. Y a reserva de cualquier otra cosa que se pueda decir sobre la Compañía de Jesús, es un hecho que sus novicios tenían acceso a la mejor instrucción disponible en ese tiempo en cualquier lugar de Europa. El resto de la vida de Gracián, salvo por alguna breve incursión en la política cortesana, transcurrió en diferentes colegios y universidades jesuitas, dentro de un polígono territorial que nunca se extendió más allá de unos cuantos cientos de kilómetros en torno a la capital aragonesa de Zaragoza.

Gracián se ordenó sacerdote en 1627 y dos años después fue enviado al colegio jesuita de Huesca, donde conoció a Vincencio Juan de Lastanosa, joven señor de la familia más acaudalada y de mayor alcurnia de la ciudad. Lastanosa encarnaba con holgura el prototipo del aristócrata ilustrado de aquella época: políglota, erudito, bibliófilo, coleccionista, gobernante, funcionario, militar y mecenas. Dueño de una biblioteca de más de siete mil volúmenes, su casa era el centro natural de reunión de los cenáculos intelectuales de la zona, a cuyos miembros más distinguidos patrocinaba con generosidad y afecto.

La amistad entre Gracián y Lastanosa fue inmediata, profunda y duradera. La proximidad con el potentado no sólo significó para el sacerdote apoyo financiero y protección política, sino que le abrió las puertas de un mundo de refinamiento material e intelectual al que le hubiera sido muy difícil acceder por sus propios medios. El impulso y patronazgo de su amigo fueron determinantes para la publicación de casi todos sus libros, en marcado contraste con sus superiores en la Compañía de Jesús, cuyas intervenciones estuvieron dirigidas de manera invariable a condenar e impedir su actividad literaria.

Para entender en alguna medida la posición de Gracián y su correspondiente visión del mundo es indispensable explorar aunque sea mínimamente el contexto histórico y social en el que transcurrió su vida. A siglo y medio de la unificación española emprendida por los Reyes Católicos, que transformó de la noche a la mañana un puñado de reinos marginales en un imperio mundial (el primero cabalmente *mundial* de la historia), el poder español en Europa se encontraba en una fase de franca decadencia. Los ejércitos de Felipe IV (rey de 1621 a 1665) terminaron por ser derrotados en casi todas sus contiendas internacionales, lo que derivó entre otras cosas en las humillantes pérdidas territoriales de Flandes y Portugal. La hegemonía europea de la rama española de los Habsburgo se acercaba a su fin, desplazada por el surgimiento del protestantismo, por la pujanza de la Francia de los Luises, por el ascenso de una Inglaterra cuyo poder marítimo se adueñaba poco a poco del control de los océanos. De igual manera, los intentos de reforma emprendidos por el rey al interior de España fracasaron siempre: la debilidad de la Corona frente a la nobleza era patente, la crisis económica profunda, la corrupción incontenible.

En el plano cultural, la explosión artística, científica, filosófica y humanista que acompañó la expansión geopolítica española, conocida genéricamente como el Siglo de Oro (que en realidad fueron casi dos), también empezaba a mostrar signos de agotamiento. La luminosa claridad de su fase renacentista había mutado en la equívoca exuberancia del barroco, oprimida por el peso de sus propios esplendores irrepetibles y ahogada por el creciente poder de una iglesia resentida y paranoica, con abiertas inclinaciones totalitarias, uno de cuyos pilares más activos e implacables era justamente la Compañía de Jesús. Baltasar Gracián fue una de las últimas grandes figuras de ese periodo y su destino personal ilustra de manera elocuente el peso de las fuerzas ideológicas que precipitaron su fin.

En su calidad de religioso, Gracián tenía la obligación moral y legal de vivir de acuerdo con los votos de castidad, pobreza y obediencia que había jurado. Cuando menos en teoría, no podía ser dueño de nada, ni siquiera de sus actos, que debían responder en todo momento a los intereses de la orden, encarnados para todo efecto práctico en el juicio inapelable de sus superiores. Y ese juicio no encontraba en tales tiempos de crisis ninguna utilidad en que sus sacerdotes escribieran libros con temas profanos, como los que escribía Gracián. Si consideramos además que la publicación de cualquier escrito estaba sujeta a un rígido régimen de censura eclesiástica y que implicaba una considerable inversión que difícilmente se podía recuperar, resulta claro que la única manera como cualquier escritor podía salir adelante era con el apoyo directo de algún miembro poderoso de la nobleza, como Lastanosa. De modo que una actividad preponderante en la vida de cualquier letrado con aspiraciones consistía en cultivar a sol y sombra la buena disposición de personajes prominentes de dicha clase, como lo ilustran las zalameras dedicatorias que encabezan sin excepción los libros publicados en ese tiempo. Al igual que casi todos los escritores de casi todas las épocas, Gracián tuvo que concentrar la mayor parte de su energía vital en la hazaña de escribir y publicar su obra, a cambio de lo cual obtuvo muy contadas satisfacciones, más allá del hecho de haberlo conseguido.

Todo lo anterior debe tomarse en cuenta al momento de considerar la estructura, el espíritu, el lenguaje y el contenido de la obra que nos ocupa, el *Oráculo manual y arte de prudencia*, publicado por primera vez en Huesca en 1647. Como casi todos los libros de Gracián, éste apareció originalmente bajo el nombre de su hermano, Lorenzo Gracián. El empleo de un seudónimo se proponía evadir el requisito de solicitar la aprobación de su orden, que tendría que habérsela negado, no porque sus libros contuvieran cualquier idea contraria a la más estricta doctrina católica, sino porque no se ocupaban exclusivamente de temas sagrados, como era su obligación. En la práctica, más que a engañar en realidad a sus superiores, el recurso parece dirigido a cumplir con el gesto de fingir que lo hacía, para evitarles problemas a todos. La mentalidad española, tan dispuesta a la elaboración de códigos de una rigidez escalofriante, siempre ha sabido tolerar un amplio margen para que no se cumplan. Lo más probable es que desde la aparición de su primera obra, *El héroe*, los interesados hayan sabido de cierto que Lorenzo Gracián era en realidad Baltasar Gracián, quien para el momento de la aparición del *Oráculo manual* ya gozaba de cierta celebridad en los círculos literarios españoles, y aun del extranjero, con la obligada mezcla de envidia y admiración que suelen acompañarla. Esto se hace evidente por una capa suplementaria de simulación que distingue al *Oráculo manual* de sus demás obras, el hecho de que profese ser una recopilación hecha por su amigo Lastanosa de los aforismos «que se discurren en las obras de Lorenzo Gracián», a quien se asume por lo tanto como un autor conocido. Lo cierto, según el consenso de los especialistas, es que sólo alrededor de una cuarta parte de la obra tiene alguna relación directa con los libros anteriores de Gracián y que su redacción definitiva es producto indudable de la pluma de nuestro jesuita, no de la de su protector y mecenas. Más factible es que el libro haya sido completado por Gracián a instancias de Lastanosa y que contenga material de otras obras que pueden haberse perdido o que nunca se completaron, de las cuales existen algunas evidencias.

Sea como haya sido, parece razonable suponer que Gracián consideraba el *Oráculo* como un proyecto menor, una especie de curiosidad o capricho. Su edición original es minúscula: 224 páginas en un formato que no llega a los 12 × 7 cm. Ahí se aprietan a renglón seguido, sin un orden evidente, las 300 máximas que lo componen. Es común que el juicio de la historia sobre una obra se distancie de las expectativas que pudo haber tenido su autor al momento de escribirla. Gracián dedicó los mejores años de su madurez creativa a la redacción de su monumental obra satírico-filosófica *El criticón*, publicada en tres extensas partes entre 1651 y 1657. Es probable que haya visto en ella su apuesta más segura a la posteridad. No se equivocó por completo, pues *El criticón* es considerada por la academia como una de las obras cumbres del barroco español, más que suficiente para garantizarle a su autor un lugar en los libros de historia del arte. Pero su atractivo para un público más amplio no logró trascender las preocupaciones y la sensibilidad de su época, mientras que el *Oráculo manual* sigue siendo leído a escala planetaria casi cuatro siglos después.

Parte de dicho atractivo parece haber sido inmediato. En 1653, todavía en vida de su autor, se imprimió en España una segunda edición, lo cual habla de un genuino interés por parte de los lectores. La obra tuvo también cierto impacto más allá de las fronteras españolas. Existe evidencia, por ejemplo, de que influyó directamente en las *Réflexions* de François de la Rochefoucault, varias de cuyas célebres máximas evocan al *Oráculo* de manera inequívoca. Unos años después, en 1684, el libro fue traducido al francés bajo el título de *L'homme de cour*, membrete que prescinde de los términos un tanto enigmáticos del nombre original para aludir sin disimulos a su utilidad práctica. Esta edición parece haber circulado ampliamente entre la intelectualidad europea de aquel entonces. A esa primera traducción le siguieron varias otras a las principales lenguas de Europa, así como numerosos plagios, paráfrasis e imitaciones sin atribución. Lo cual no consiguió impedir que la obra terminara por perderse en una relativa oscuridad a lo largo del siguiente siglo, como casi toda la literatura del barroco, vista como recargada y excesiva por la sensibilidad neoclásica que dominó el gusto literario europeo hasta la llegada del romanticismo.

El siglo xix se reencuentra de algún modo con Gracián y vuelve a ponerlo de moda. El filósofo alemán Arthur Schopenhauer realiza una nueva traducción del *Oráculo manual* a su lengua, que por esa vía influye en otros personajes medulares de la época, como Nietzsche. Dicha revaloración preparó el terreno para su plena inserción en el canon como un clásico del pensamiento occidental durante el siglo xx.

Nada de esto pudo haberlo imaginado Gracián, quien murió con más pena que gloria en 1658, apenas un año después de que viera la luz la tercera y última parte de *El criticón*. El evento que debía haber coronado su trayecto literario se convirtió en el capítulo final de su desgracia. La publicación fue vista por sus superiores como un acto de flagrante indisciplina, que terminó por colmar la paciencia de la Compañía de Jesús. Atizados por la inquina de sus numerosos malquerientes, que creyeron verse reflejados en las sanguinarias estampas satíricas que salpican la obra, los jesuitas sometieron a Gracián a una censura pública, le prohibieron escribir, lo privaron de su cátedra en el colegio de Zaragoza, lo obligaron a entregar todos sus libros y lo exiliaron en el pequeño pueblo de Graus, bajo un estricto régimen de pan y agua. Todo ello por empeñarse en publicar una novela piadosa cuyo tema principal son los diversos obstáculos que deben superar sus protagonistas para llegar al cielo. Aunque se le levantó el castigo unos meses antes de su muerte y se le envió de vuelta a Tarragona con algunos cargos, el episodio parece haber minado su salud irreparablemente.

Como muchas obras singulares en la historia de la literatura, el *Oráculo manual y arte de prudencia* elude las clasificaciones establecidas y ocupa un sitio peculiar tanto en el panorama literario de su época como en la propia producción de su autor. Compuesto por trescientas máximas, cada una estructurada en torno a una sentencia o lema, seguida de un más amplio comentario o glosa, que elabora y expande sus implicaciones, el libro es un abigarrado compendio de fuentes antiguas y modernas, sagradas y profanas, con un pie puesto en los clásicos y el otro en el refranero popular; a un mismo tiempo exquisito, transparente, insondable y brutal.

En primera instancia, el compendio de aforismos parecería ser un remate un tanto apresurado a las preocupaciones intelectuales de la primera etapa productiva de su autor, compuesta por los tratados político-morales *El héroe*, *El político* y *El discreto*, a los que tal vez iban a sumarse otros dos, *El atento* y *El galante*, que nunca se llegaron a completar. Es posible que algunos materiales preliminares de estas obras inconclusas hayan terminado por nutrir el *Oráculo*, que a diferencia de las anteriores, dedicadas a abordar aspectos particulares de la virtud, se propone de manera explícita delinear los perfiles de un hipotético «varón integral». De ser así, acaso compelido por Lastanosa, Gracián pudo haber decidido culminar de esta forma aquel primer periodo creativo para ocuparse de lleno en lo que realmente le interesaba en ese momento, la escritura de *El criticón*, a la que habría de dedicar el resto de su vida.

Una serie de experiencias ajenas a la literatura podrían haber precipitado esta decisión y contribuido a introducir en la obra un elemento que la permea de principio a fin: el desengaño. Unos años antes de iniciar su redacción, en 1639, la fortuna política de Gracián parecía haber alcanzado su punto más alto. Había sido nombrado confesor del duque de Nocera, virrey de Aragón, una posición de gran influencia que tenía que haberle deparado un futuro prometedor. Ese mismo año pasa una temporada larga con el duque en la corte real de Madrid, la cual, tras un primer periodo de encandilamiento, termina por dejarlo asqueado. Dicha vida de fasto habría de durar muy poco de cualquier manera. La guerra con Cataluña, que se había sublevado contra la Corona con apoyo de los franceses en 1640, precipita inesperadamente la desgracia de su patrón. Por mostrarse partidario de una política conciliatoria, el duque es acusado de traición, sometido a proceso y encerrado en una mazmorra de Navarra, donde muere dos años después. De ese modo fulminante concluye el breve paso de Gracián por los escenarios de la alta política.

Restituido a la vida eclesiástica como predicador y maestro, Gracián es enviado a Valencia, donde tiene lugar otro confuso incidente que también lastimará su prestigio: cierto día se le ocurre anunciar que en su siguiente sermón leerá frente a los feligreses una carta recibida del infierno. Lo que no quería ser otra cosa que un inocente subterfugio publicitario, más o menos habitual para la época, fue aprovechado por sus detractores para armar un escándalo. Gracián es obligado a retractarse y recibe una censura pública. El suceso profundiza el intenso odio recíproco con los jesuitas valencianos que lo persiguió hasta el final de sus días. De regreso en Aragón, Gracián conoció de primera mano los horrores del campo de batalla como capellán del ejército en la guerra contra los franceses, experiencia que lo volvió a poner en contacto con lo peor de la naturaleza humana.

Es este Gracián maduro, descreído y aporreado el que se sienta a escribir el *Oráculo manual*. Nuestro sacerdote erudito, habituado a interpretar el mundo a través de los libros, ha tenido que aprender a la mala que la guerra y la política son mucho más feroces en la práctica que en la teoría. El innegable pesimismo que subyace a la visión del mundo del *Oráculo manual* procede por lo tanto de una observación directa de la realidad. Dicho carácter empírico es tal vez el rasgo más notable de la obra, que lo distingue radicalmente de otras producciones similares escritas hasta ese momento y lo acerca de manera decidida a nuestra propia sensibilidad moderna. Mientras que los numerosos libros de máximas, aforismos y consejos que circulaban entre la clase letrada de ese tiempo parten de una u otra forma de modelos ideales, basados en los autores clásicos y en las autoridades de la Iglesia, el *Oráculo* nos propone un análisis descarnado de la realidad, fruto de la observación directa de los hechos y procesado únicamente con las frías herramientas de la razón. Un análisis cuyo propósito declarado y validación última es su utilidad práctica. Tal vez sea por dicho espíritu impasible que se le suele relacionar con *El príncipe* de Maquiavelo, esa otra obra pionera de la racionalidad *salvaje*, sólo que la perspectiva del *Oráculo* no se ubica en las enrarecidas cimas del poder, sino en el estrato más extenso de quienes viven a su sombra y están sujetos a sus caprichos, el de la inmensa mayoría de la gente que como el propio Gracián tiene que echar mano cada día de toda su capacidad e ingenio para sortear la vida con un mínimo de dignidad.

Vistas en conjunto y sin prejuicios, a eso se orientan en última instancia las máximas que componen el *Oráculo manual*. Aunque el acento suele ponerse, como pasa con el propio Maquiavelo, en los aspectos más desalmados de sus consignas, lo cierto es que su propuesta es mucho más amplia, mucho más matizada y mucho más compleja que sus simplificaciones habituales. Las ideas parten sin duda del reconocimiento ineludible de que el mundo está regido por la vileza y la maldad, pero lo que insiste en señalarnos la obra son caminos para salir adelante sin caer en ellas. Más que un absoluto relativismo moral, lo que Gracián postula es una moral eficiente, sustentada en un sutil tejido de argumentos utilitarios: en lugar de tener principios porque así debe ser, tener principios porque es lo que mejores resultados produce a final de cuentas. Lo esencial en todo caso es no pecar de inocentes.

A nadie puede sorprender que Gracián entendiera la vida como una lucha asimétrica, en la que muy pocas veces contamos con mayores recursos que nuestros antagonistas. Como hemos visto, vivió en un mundo en el que la noción misma de plena libertad personal resultaba inconcebible. Aunque el nuestro se sustenta en principio sobre la idea contraria, lo cierto es que una multitud de fuerzas ajenas a nuestro control siguen determinando en gran medida lo que podemos hacer, lo que debemos pensar y hacia dónde deben orientarse nuestras aspiraciones. La noción de triunfo para Gracián no se reduce por lo tanto al objetivo simplista de imponerse sobre los demás, sino a evitar que el mundo nos impida desarrollar una vida plena. Más que darnos instrucciones sobre cómo ganar, nos invita a redefinir en nuestros propios términos la naturaleza esencial de la contienda, incluyendo, señaladamente, en qué pueda consistir la victoria. Sus mejores fórmulas tácticas responden a la idea subyacente de que lo ideal sería no tener que usarlas.

Naturaleza y propósito de la presente edición

Baltasar Gracián es un autor emblemático de la variante más impenetrable, el conceptismo, de una escuela de pensamiento que se caracteriza por lo intrincado, el barroco. De todas sus obras, el *Oráculo manual* es sin duda la más apretada y densa, por lo que se le suele considerar un ejemplo emblemático de conceptismo. No es extraño entonces que desde su aparición se le haya tachado de «oscuro», oscuridad que no puede negarse pero que acaso sería más justo calificar de relativa.

Es indudable que la lectura del *Oráculo manual* puede presentar dificultades para el lector no especializado. Por una parte, el lenguaje mismo ha cambiado mucho en los casi cuatrocientos años transcurridos desde que fue escrito; por otra, Gracián era dado a inventar palabras, o a usarlas en un sentido que no era el habitual incluso para su época; por último, el momento histórico que lo produjo no favorecía la expresión directa. Decir o escribir sin más lo que se pensaba podía conducir fácilmente al ostracismo, a la cárcel o a la hoguera. Existía además la idea generalizada de que la sabiduría profunda no debía compartirse con quienes no estaban preparados para recibirla y podían hacer mal uso de ella. En esa medida, la complejidad sintáctica y léxica de la obra puede ir dirigida de alguna forma a confundir a los no iniciados. Hay también, por supuesto, una cierta medida de afectación: lo que no se entiende a la primera parece más elevado y resulta más atractivo: «La arcanidad incrementa la veneración», en palabras de nuestro propio jesuita. Sin embargo, no debemos perder de vista una consideración aún más importante: la forma como están redactadas las máximas se liga de manera inherente a su profundidad, agudeza y eficacia. Su lenguaje está calibrado con exactitud asombrosa para producir un caudal de significados que no podrían expresarse de ninguna otra forma.

Dicha contradicción de origen entre el ánimo de ocultar y el ánimo opuesto de hacer visible se manifiesta desde el título mismo de la obra. Por una parte, *oráculo*, es decir, verdades que se presentan de una forma enigmática; por la otra, *manual*, es decir, instrucciones al uso práctico de la vida cotidiana. Ambos términos descargan en el «arte de prudencia», que es a fin de cuentas su objetivo. De modo que se trata de un curioso compendio que sin dejar de ser misterioso se propone ser accesible, para que el lector atento pueda adquirir y ejercer el arte invaluable de la prudencia eficaz. Arte que sólo se nos revela en su plena complejidad cuando confrontamos el contenido de las máximas con los hechos de la realidad presente. Al igual que los hexagramas del *I Ching*, los aforismos del *Oráculo manual* cobran su verdadera dimensión iluminadora lejos de su lectura inmediata, al entrar en contacto con situaciones concretas, algunas de las cuales ni siquiera hubiéramos pensado que podían tener alguna relación con ellos. Es por eso que aunque el libro contiene numerosas máximas que parecen contradecirse unas a otras, tal contradicción no cancela necesariamente la validez de su mensaje: una puede aplicarse a una situación y momento específicos, la opuesta puede aplicarse a otros.

En todo caso, oscuro no quiere decir impenetrable. Esta edición se propone poner el acento en el aspecto *manual* de la obra, para lo cual recurre a una serie de herramientas que, sin alterar el contenido de las máximas, las vuelve más accesibles para el lector común. La intención ha sido en todo momento que dicha facilitación no se logre rebajando o diluyendo el original de ninguna forma, sino colocando algunos escalones que ayuden al lector a llegar hasta donde se encuentra.

El primero de tales escalones consiste en haber realizado una selección: de las trescientas máximas originales he conservado ciento cuarenta, un bonito número redondo que no responde, sin embargo, a ninguna intención preestablecida. La extensión de la obra, sumada a la densidad de sus componentes, suele representar un primer obstáculo para su abordaje, simplemente porque puede parecer demasiado de un solo golpe. Hay en el original numerosas máximas que expresan ideas similares con ligeras variaciones, otras que condensan verdades de curso común, otras que son puramente filosóficas, sin una evidente aplicación concreta. Reducir el número de máximas facilita de entrada que le prestemos a cada una la debida atención.

Además de hacer la selección, he distribuido las máximas en siete categorías, de acuerdo con su tema. Tales categorías son producto de un intento de sistematización a partir de mis lecturas personales. No existe en la obra misma ni en los demás escritos de Gracián ningún indicio de ellas. Tampoco han sido empleadas en otras ediciones, hasta donde tengo entendido. En su orden original, las máximas que componen el *Oráculo manual* pasan de un tema a otro sin continuidad aparente. Organizarlas por categoría ayuda a percibir con mayor claridad los principales tópicos que aparecen de manera recurrente a lo largo de la obra y contribuye a presentarlos de manera progresiva. También vuelve más fácil emprender consultas sobre temas específicos, en función de las circunstancias. Nada de lo cual impide que el libro pueda seguirse usando en su modalidad original de oráculo: abriéndose al azar en donde caiga para escuchar lo que tenga que decirnos.

Cada sección arranca con una breve introducción que la describe y justifica. Dada la multitud de significados que se pueden desprender de cada máxima, sería posible encontrar otras categorías que también tuvieran sentido, así como pasar algunas máximas de una categoría a otra, pues el tipo de reflexiones a las que pueden dar pie son muy amplias. Mi criterio ha sido recoger aquellas máximas que me parecen más originales y que pueden dar paso a entendimientos operativos; es decir, que atañen de manera directa a nuestra comprensión de la realidad y a nuestra forma de responder a ella.

Aunque nunca la postula de manera explícita, el pensamiento práctico de Gracián propone una secuencia táctica basada en el rigor analítico: percibir la situación con la mayor fidelidad posible, evaluarla con plena claridad de juicio, decidir la línea de acción más pertinente y ejecutarla de manera impecable en el momento preciso. Para que eso funcione, se requiere además un trabajo previo, de índole personal, que se postula de alguna forma como permanente: explorarnos a profundidad en todas nuestras facetas, apegarnos a una estructura de disciplina y valores, desarrollar al máximo nuestros talentos, aprender a controlar emociones e impulsos y perfeccionar el arte de la relación con las demás personas. Es de dicha mecánica implícita en la forma como Gracián nos propone abordar la realidad exterior y potenciar nuestra capacidad interior de donde se desprende en última instancia la elección y la secuencia de las categorías.

Finalmente, agregué un breve comentario a cada máxima, cuyo único propósito es facilitar su comprensión, ya que muchas pueden presentar obstáculos difíciles de superar para el lector común. No todas las máximas son igual de intrincadas o crípticas, ni tampoco siguen un mismo patrón expositivo. Casi todas contienen además elementos de contraste que matizan, complejizan o complementan su tema central. En esa medida, procuré no seguir una fórmula inmutable para la redacción de los comentarios, sino adaptarlos a la naturaleza de cada caso. Más que traducciones puntuales o paráfrasis exhaustivas, buscan ser reformulaciones escuetas o breves síntesis que condensan los elementos principales de cada máxima en un lenguaje más accesible, con el fin de encaminar el desciframiento de la redacción original. Una vez cumplido su propósito esclarecedor, se invita al lector a que los deje de lado. Quienes no consideren que los necesitan pueden obviarlos por completo desde un principio.

Más allá de este andamiaje de aproximación, que también incluye un glosario, las máximas se transcriben íntegras y en su forma original. Como es habitual en las ediciones modernas, la ortografía ha sido actualizada, así como la puntuación. En contadas ocasiones suprimí algunas palabras cuyo sentido no resulta claro ni siquiera para los especialistas y que pueden complicar la comprensión. Fuera de eso, he procurado respetar la letra y el espíritu del original. Confío en que esta labor de intermediario sirva para acercar al lector a la riqueza transformadora de su sabiduría.

Máximas escogidas

Del cultivo de la persona

Gracián pasó casi toda su vida en entornos escolares, dedicado a la tarea de instruir a los demás y de seguirse instruyendo a sí mismo. No es extraño que le atribuya un papel fundamental a la formación, desde un enfoque que se propone integrar en un todo lo intelectual, lo moral y lo práctico.

Sus ideas sobre el desarrollo individual parten del principio de que toda persona es un depósito de talentos potenciales, que se deben cultivar hasta alcanzar la excelencia. Para lograrlo son indispensables la aplicación, la constancia, un entorno propicio y claridad para orientar el esfuerzo en la dirección adecuada: aspirar a lo posible, emprender lo procedente en el momento indicado, elegir los mejores maestros y acercarse a las personas cuyo ejemplo nos motive a la superación.

Gracián concibe el aprendizaje como un proceso permanente, que combina en igualdad de condiciones lo exterior con lo interior. Al conocimiento de las cosas de este mundo se le debe sumar el de nosotros mismos, el control de nuestros impulsos, el apego a una estructura de principios éticos, la discreción, la compostura y la cortesía. El saber debe ligarse con la rectitud y ambos encontrar su aplicación en lo práctico.

Su visión de lo que debe ser una persona considera más determinante la voluntad que las circunstancias, lo profundo que lo aparente, el trabajo que el talento, la calidad que la cantidad. Sin dejar de atribuirle una relevancia central a lo utilitario, aspira en última instancia a superarlo. De lo que se trata a fin de cuentas es de llegar a ser personas íntegras y cabales: enteradas, entendidas, prudentes, refinadas y laboriosas; seres humanos satisfechos con lo personal y útiles a lo colectivo, capaces de adaptarse a situaciones imprevistas y de renovarse continuamente.

Hombre en su punto

No se nace hecho: vase de cada día perfeccionando en la persona, en el empleo, hasta llegar al punto del consumado ser, al complemento de prendas, de eminencias. Conocerse ha en lo realzado del gusto, purificado del ingenio, en lo maduro del juicio, en lo defecado de la voluntad. Algunos nunca llegan a ser cabales, fáltales siempre un algo; tardan otros en hacerse. El varón consumado, sabio en dichos, cuerdo en hechos, es admitido y aun deseado del singular comercio de los discretos.

La naturaleza nos deja en el mundo con lo elemental, todo lo demás tenemos que desarrollarlo por nosotros mismos. Es tarea de cada día, diferente para cada uno. La mayoría de la gente nunca llega a lo que pudo ser. Quien lo logra casi siempre tarda en conseguirlo. El único camino para hacerlo es el de la laboriosidad, la instrucción, la reflexión y el esfuerzo. El valor que acumulemos como personas es a un tiempo patrimonio y tarjeta de presentación.

Aplicación y Minerva

No hay eminencia sin entrambas, y si concurren, exceso. Más consigue una medianía con aplicación que una superioridad sin ella. Cómprase la reputación a precio de trabajo; poco vale lo que poco cuesta. Aun para los primeros empleos se deseó en algunos la aplicación: raras veces desmiente al genio. No ser eminente en el empleo vulgar por querer ser mediano en el sublime, excusa tiene de generosidad; pero contentarse con ser mediano en el último, pudiendo ser excelente en el primero, no la tiene. Requiérense, pues, naturaleza y arte, y sella la aplicación.

El talento es casi nada cuando no se cultiva. El trabajo complementa a la naturaleza y puede llegar a suplirla. Suele llegar más lejos una habilidad ordinaria con esfuerzo que una genialidad indolente. La capacidad sólo es el punto de partida, menos un regalo que un desafío: el que recibió más tiene que llegar a más, de otro modo nunca va a sentirse satisfecho. La vida nos ofrece posibilidades, depende de nosotros convertirlas en realidades.

Comprensión de sí

En el genio, en el ingenio; en dictámenes, en afectos. No puede uno ser señor de sí si primero no se comprende. Hay espejos del rostro, no los hay del ánimo: séalo la discreta reflexión sobre sí. Y cuando se olvidare de su imagen exterior, conserve la interior para enmendarla, para mejorarla. Conozca las fuerzas de su cordura y sutileza para el emprender; tantee la irascible para el empeñarse. Tenga medido su fondo y pesado su caudal para todo.

No podemos aprovecharnos cuando no nos conocemos. Hay que mirarnos por dentro para descubrirnos y evaluar nuestras acciones para medir nuestro alcance. Es muy importante conservar una imagen objetiva de lo que somos y de lo que podemos hacer, para que la realidad no nos la vaya deformando.

Conocer su realce rey

La prenda relevante, cultivando aquélla, y ayudando a las demás. Cualquiera hubiera conseguido la eminencia en algo si hubiera conocido su ventaja. Observe el atributo rey, y cargue la aplicación: en unos excede el juicio, en otros el valor. Violentan los más su Minerva, y así en nada consiguen superioridad: lo que lisonjea presto la pasión desengaña tarde el tiempo.

Es más fácil sacar de donde más se tiene. Algunos no cultivan sus talentos porque los ignoran, otros porque los dan por hecho, otros porque los miran con desdén. Muchas veces nos empeñamos en lo que menos se nos da, creyendo que hay más mérito en hacer un poco de lo que no era nada. Siempre será más provechoso poner de nuestra parte donde la naturaleza ya puso de la suya.

Conocer su defecto rey

Ninguno vive sin él, contrapeso de la prenda relevante; y si le favorece la inclinación, apodérase a lo tirano. Comience a hacerle la guerra, publicando el cuidado contra él, y el primer paso sea el manifiesto, que en siendo conocido, será vencido, y más si el interesado hace el concepto de él como los que notan. Para ser señor de sí es menester ir sobre sí. Rendido este cabo de imperfecciones, acabarán todas.

Todos lo tenemos, y cuando se suma a nuestras peores inclinaciones puede terminar por dominarnos. El impulso natural es encubrirlo, pero lo mejor es ventilarlo, como si se tratara de una llaga purulenta. Los demás ya lo conocen, vale más que se sepa que nosotros lo conocemos también y que estamos empeñados en combatirlo. Derrotado el enemigo grande es más fácil acabar con los pequeños.

Conocer la pieza que le falta

Fueran muchos muy personas si no les faltara un algo, sin el cual nunca llegan al colmo del perfecto ser. Nótase en algunos que pudieran ser mucho si repararan en bien poco. Háceles falta la seriedad, con lo que deslucen grandes prendas; a otros, la suavidad de la condición, que es falta que los familiares echan presto de menos y más en personas de puesto. En algunos se desea lo ejecutivo y en otros lo reportado. Todos estos desaires, si se advirtiesen, se podrían suplir con facilidad, que el cuidado puede hacer de la costumbre segunda naturaleza.

Hay piezas determinantes, las que permiten que encaje y funcione todo lo demás. Una sola insuficiencia puede estar entorpeciendo multitud de potenciales. Lo esencial es descubrir cuál es, lo demás es empeñarse en trabajarla.

Hombre con fondos, tanto tiene de persona

Siempre ha de ser otro tanto más lo interior que lo exterior en todo. Hay sujetos de sola fachada, como casas por acabar, porque faltó el caudal: tienen la entrada de palacio, y de choza la habitación. No hay en éstos dónde parar, o todo para, porque, acabada la primera salutación, acabó la conversación. Entran por las primeras cortesías como caballos sicilianos y luego paran en silenciarios, que se agotan las palabras donde no hay perennidad de concepto. Engañan éstos fácilmente a otros, que tienen también la vista superficial; pero no a la astucia, que, como mira por dentro, los halla vaciados, para ser fábula de los discretos.

Lo que sólo es apariencia se diluye en el primer contacto. La mera superficie vale poco porque cuesta poco, sobre todo en nuestro tiempo, en el que todo es imagen. Hay que resistir la tentación de lo inmediato, de lo fácil, de lo aparente: nos iguala con lo desechable en un mundo de baratijas. Apostarle al impacto de impresiones pasajeras termina por costarnos nuestra credibilidad: cuando se disipa su efecto todo el mundo puede ver que no había nada.

Pagarse más de intensiones que de extensiones

No consiste la perfección en la cantidad, sino en la calidad. Todo lo muy bueno fue siempre poco y raro, es descrédito lo mucho. Aun entre los hombres, los gigantes suelen ser los verdaderos enanos. Estiman algunos los libros por la corpulencia, como si se escribiesen para ejercitar antes los brazos que los ingenios. La extensión sola nunca pudo exceder de medianía y es plaga de hombres universales por querer estar en todo, estar en nada. La intensión da eminencia, y heroica si en materia sublime.

Vale más concentrarse que extenderse. La abundancia es sospechosa por sí misma. Antes que pensar en hacer muchas cosas hay que proponerse que salgan bien. Es mejor emplearse en lograr un poco de lo excelente que mucho de lo mediocre. A veces lo que falta es la constancia, otras veces lo que sobra es la curiosidad: unos se dispersan porque pierden el interés y otros porque les interesa todo. El mejor esfuerzo puede diluirse cuando le falta claridad de propósito.

Tratar con quien se pueda aprender

Sea el amigable trato escuela de erudición y la conversación enseñanza culta; un hacer de los amigos maestros, penetrando el útil del aprender con el gusto del conversar. Altérnase la fruición con los entendidos, logrando lo que se dice en el aplauso con que se recibe, y lo que se oye en el amaestramiento. Ordinariamente nos lleva a otro la propia conveniencia, aquí realzada. Frecuenta el atento las casas de aquellos héroes cortesanos que son más teatros de la heroicidad que palacios de la vanidad. Hay señores acreditados de discretos que, a más de ser ellos oráculos de toda grandeza con su ejemplo y en su trato, el cortejo de los que los asisten es una cortesana academia de toda buena y galante discreción.

No hay mejor educación que los amigos sabios. Quien conquista el aprecio de los mejores, gana también con el trato de aquellos que los frecuentan. Acercarse a quienes admiramos nos impulsa a superarnos para no desmerecer, aprendemos en su compañía y quedamos obligados a seguir aprendiendo para nutrir su amistad. En esto es importante distinguir el oro del oropel, pues la fama lo distorsiona todo: debemos valorar por lo concreto y no por el prestigio aparente, que se infla y se desinfla al capricho del momento.

Concebir de sí y de sus cosas cuerdamente

Y más al comenzar a vivir. Conciben todos altamente de sí, y más los que menos son. Suéñase cada uno su fortuna y se imagina un prodigio. Empéñase desatinadamente la esperanza y después nada cumple la experiencia; sirve de tormento a su imaginación vana el desengaño de la realidad verdadera. Corrija la cordura semejantes desaciertos, y aunque puede desear lo mejor, siempre ha de esperar lo peor, para tomar con ecuanimidad lo que viniere. Es destreza asestar algo más alto para ajustar el tiro, pero no tanto que sea desatino. Al comenzar los empleos, es precisa esta reformación de concepto, que suele desatinar la presunción sin la experiencia. No hay medicina más universal para todas necedades que el seso. Conozca cada uno la esfera de su actividad y estado, y podrá regular con la realidad el concepto.

Soñar sí cuesta, cuando se sueña a lo loco. Quien persigue lo imposible y no lo alcanza duda en intentar después hasta lo que podía haber conseguido sin problemas. Nada sucede sólo porque estemos convencidos de que va a suceder, sino porque creamos las condiciones para que suceda. Esto hay que cuidarlo sobre todo cuando se empieza algo nuevo (cuando se empieza la vida) y la imaginación no ha sido corregida aún por la experiencia.

Abrir los ojos con tiempo

No todos los que ven han abierto los ojos, ni todos los que miran ven. Dar en la cuenta tarde no sirve de remedio, sino de pesar. Comienzan a ver algunos cuando no hay qué: deshicieron sus casas y sus cosas antes de hacerse ellos. Es dificultoso dar entendimiento a quien no tiene voluntad, y más dar voluntad a quien no tiene entendimiento. Juegan con ellos los que les van alrededor como con ciegos, con risa de los demás. Y porque son sordos para oír, no abren los ojos para ver. Pero no falta quien fomenta esta insensibilidad, que consiste su ser en que ellos no sean. Infeliz caballo cuyo amo no tiene ojos: mal engordará.

Andar ciegos por la vida nos expone al ridículo, al abuso y a la manipulación. Descubrir la falla cuando ya no puede corregirse sólo sirve para que nos duela más. Mantener alerta nuestros sentidos, nuestro entendimiento y nuestra voluntad es la única defensa contra los males del mundo.

Cobrar fama de cortés

Que basta a hacerle plausible. Es la cortesía la principal parte de la cultura, especie de hechizo. Concilia la gracia de todos, así como la descortesía el desprecio y enfado universal. Si ésta nace de soberbia, es aborrecible; si de grosería, despreciable. La cortesía siempre ha de ser más que menos, pero no igual, que degeneraría en injusticia. Tiénese por deuda entre enemigos para que se vea su valor. Cuesta poco y vale mucho: todo honrador es honrado. La galantería y la honra tienen esta ventaja, que se quedan: aquélla en quien la usa, ésta en quien la hace.

Ser amable vale mucho y cuesta poco, abre puertas, ablanda voluntades y deja una buena impresión, que puede ayudarnos después. El mal modo suele ser gratuito y contraproducente, siempre nace de la inseguridad. Conviene practicar la cortesía hasta volverla un distintivo de nuestra persona.

Cultura, y aliño

Nace bárbaro el hombre, redímese de bestia cultivándose. Hace personas la cultura, y más cuanto mayor. En fe de ella pudo Grecia llamar bárbaro a todo el restante universo. Es muy tosca la ignorancia; no hay cosa que más cultive que el saber. Pero aun la misma sabiduría fue grosera, si desaliñada. No sólo ha de ser aliñado el entender, también el querer, y más el conversar. Hállanse hombres naturalmente aliñados, de gala interior y exterior, en concepto y palabras, en los arreos del cuerpo, que son como la corteza, y en las prendas del alma, que son el fruto. Otros hay, al contrario, tan groseros, que todas sus cosas, y tal vez eminencias, las deslucieron con un intolerable bárbaro desaseo.

Hasta lo bueno tiene que cuidar su forma para dar una buena impresión. La apariencia no es tan sólo superficie, refleja un principio de orden que apunta hacia lo interior. Donde todo está revuelto no podemos saber ni lo que hay. Poner en armonía nuestras facultades es tan importante como desarrollarlas.

Tener un punto de negociante

No todo sea especulación, haya también acción. Los muy sabios son fáciles de engañar, porque aunque saben lo extraordinario, ignoran lo ordinario del vivir, que es más preciso. La contemplación de las cosas sublimes no les da lugar para las manuales; y como ignoran lo primero que habían de saber, y en que todos parten un cabello, o son admirados o son tenidos por ignorantes del vulgo superficial. Procure, pues, el varón sabio tener algo de negociante, lo que baste para no ser engañado, y aun reído. Sea hombre de lo agible, que aunque no es lo superior, es lo más preciso del vivir. ¿De qué sirve el saber, si no es práctico? Y el saber vivir es hoy el verdadero saber.

No todo se aprende en un libro. Puede cultivarse lo sublime sin perder de vista lo mundano. La experiencia de lo práctico complementa la teoría, la conecta con la realidad. Siempre va a ser útil conocer de lo menudo, enfrentar lo concreto, descubrirle el mecanismo a lo común y corriente. Conviene ejercitar el cuerpo además de la razón, entender de sutilezas pero también de embustes; aunque sea lo necesario para prevenirlos.

Usar el renovar su lucimiento

Es privilegio de Fénix. Suele envejecerse la excelencia y con ella la fama. La costumbre disminuye la admiración, y una mediana novedad suele vencer a la mayor eminencia envejecida. Usar, pues, del renacer en el valor, en el ingenio, en la dicha, en todo: empeñarse con novedades de bizarría, amaneciendo muchas veces como el sol, variando teatros al lucimiento, para que en el uno la privación y en el otro la novedad soliciten aquí el aplauso, si allí el deseo.

Todo cansa por costumbre, hasta lo más admirable. Todo se vuelve ordinario, hasta lo más increíble. Nada de lo que lleguemos a hacer, por prodigioso que sea, acabará con la necesidad de seguir haciendo, de seguir haciéndonos. Hay que variar escenarios, mantenerse en movimiento, dosificar la presencia: aparecer en donde no nos esperaban con lo que nunca creyeron posible. Nos reciben con más gusto donde nos han extrañado un poco.

Hombre de entereza

Siempre de parte de la razón, con tal tesón de su propósito, que ni la pasión vulgar, ni la violencia tirana le obliguen jamás a pisar la raya de la razón. Pero ¿quién será este Fénix de la equidad?, que tiene pocos finos la entereza. Celébranla muchos, mas no por su casa; síguenla otros hasta el peligro; en él los falsos la niegan, los políticos la disimulan. No repara ella en encontrarse con la amistad, con el poder y aun con la propia conveniencia, y aquí es el aprieto del desconocerla. Abstraen los astutos con metafísica plausible por no agraviar, o la razón superior, o la de estado; pero el constante varón juzga por especie de traición el disimulo; préciase más de la tenacidad que de la sagacidad; hállase donde la verdad se halla; y si deja los sujetos, no es por variedad suya, sino de ellos en dejarla primero.

La integridad se celebra mucho más de lo que se practica. Cuesta a veces: puede llegar a ser un obstáculo para la amistad, para el negocio, para la política. Por eso siempre está tan presente el impulso de buscarse justificaciones para la evasión o el disimulo. Es posible que logremos engañar a los demás, pero nunca vamos a engañarnos a nosotros mismos. No hay que rendir lo esencial sólo para salir de un aprieto.

De la relación con los demás

Gracián atribuye una importancia definitiva a las relaciones interpersonales. Una parte significativa de las máximas contenidas en el *Oráculo manual* se ocupa de una u otra forma de dicho tema. La realidad rígidamente jerarquizada en la que transcurrió su vida, con espacios muy limitados para la libertad personal, suscitó en nuestro jesuita observaciones de una gran agudeza sobre la actividad social de las personas.

Como cabría esperar, dadas las circunstancias, sus ideas en este campo parten de un acentuado escepticismo respecto de la naturaleza humana, por lo que su principio rector es la cautela. La gente nunca es fácil y sólo rara vez es buena. Conviene estudiarla con detenimiento para saber por dónde abordarla y de qué prevenirnos. También resulta esencial tener en mente que la mayoría de nuestras relaciones rara vez se desarrollan sobre un plano de igualdad: nuestra conducta tiene que ajustarse en todo momento a nuestra posición relativa dentro de una multitud de jerarquías que se traslapan.

En la base de casi todas las relaciones humanas, Gracián asume la existencia de una expectativa de intercambio: seremos queridos en la medida en que sigamos siendo necesarios. Si en el fondo todos acudimos al trato con los demás por algún interés, es de capital importancia que tengamos siempre cosas atractivas que ofrecer y la habilidad para sacarles el mayor provecho.

Nada de esto pretende implicar que las relaciones interpersonales no persigan nunca otro propósito que la mera utilidad recíproca; sólo que no sería realista, ni prudente, pasarla por alto. Gracián atribuye una enorme importancia a la colaboración y valora por encima de todo las virtudes de liderazgo que la hacen posible. En la cúspide de sus aspiraciones se encuentran los sentimientos que nos ligan de manera íntima con los demás y que le dan un sentido trascendente a nuestra vida en común: la afinidad, el amor, la compasión, la solidaridad y el afecto. Lazos que no considera imposibles pero tampoco habituales, menos aún gratuitos: como todo lo valioso, se trata de una riqueza que hace falta propiciar, cultivar y proteger.

Hallarle su torcedor a cada uno

Es el arte de mover voluntades; más consiste en destreza que en resolución: un saber por dónde se le ha de entrar a cada uno. No hay voluntad sin especial afición, y diferentes según la variedad de los gustos. Todos son idólatras: unos de la estimación, otros del interés y los más del deleite. La maña está en conocer estos ídolos para el motivar, conociéndole a cada uno su eficaz impulso: es como tener la llave del querer ajeno. Hase de ir al primer móvil, que no siempre es el supremo, las más veces es el ínfimo, porque son más en el mundo los desordenados que los subordinados. Hásele de prevenir el genio primero, tocarle el verbo después, cargar con la afición, que infaliblemente dará mate al albedrío.

Conocer los apetitos de la gente para saber cómo incidir en ella. Un concepto tal vez poco elevado, que destaca las ventajas de operar por lo menos elevado: los impulsos elementales de cada quien, que suelen ser los más eficaces. Estudiar a las personas, persuadirlas e incitarlas, ya sea por el lado de la vanidad, de la codicia o del placer, las inclinaciones más comunes. No conviene perder de vista que a nosotros nos trabajan de la misma forma.

Gracia de las gentes

Mucho es conseguir la admiración común, pero más la afición; algo tiene de estrella, lo más de industria; comienza por aquélla y prosigue por ésta. No basta la eminencia de prendas, aunque se supone que es fácil de ganar el afecto, ganado el concepto. Requiérese, pues, para la benevolencia, la beneficencia: hacer bien a todas manos, buenas palabras y mejores obras, amar para ser amado. La cortesía es el mayor hechizo político de grandes personajes. Hase de alargar la mano primero a las hazañas y después a las plumas, de la hoja a las hojas, que hay gracia de escritores, y es eterna.

Es bueno que nos admiren, mucho mejor que nos quieran: la gente que nos estima estará dispuesta a hacer por nosotros mucho más que la que sólo nos respeta. Para seducir a los demás no bastan ni el encanto personal ni los logros alcanzados, éstos son sólo la base sobre la que tenemos que trabajar. El aprecio se gana con obras, con atenciones, con interés, con cortesía. Y una vez que lo hayamos conseguido, hacer todo lo posible para conservarlo, incluso hasta la posteridad.

Prevenir las injurias y hacer de ellas favores

Más sagacidad es evitarlas que vengarlas. Es gran destreza hacer confidente del que había de ser émulo, convertir en reparos de su reputación los que la amenazaban tiros. Mucho vale el saber obligar: quita el tiempo para el agravio el que lo ocupó con el agradecimiento. Y es saber vivir convertir en placeres los que habían de ser pesares. Hágase confidencia de la misma malevolencia.

Donde amenaza discordia, adelantarse con diplomacia: endulzar el ánimo del potencial enemigo con amabilidad. Muchos conflictos nacen de nimiedades, intercambios de impresiones distorsionadas que se nutren mutuamente hasta la abierta hostilidad. Muestra enorme carácter quien aprende a convertir el encono en afinidad.

Sea el trato por mayor

Procurando la sublimidad en él. El varón grande no debe ser menudo en su proceder. Nunca se ha de individuar mucho en las cosas, y menos en las de poco gusto; porque aunque es ventaja notarlo todo al descuido, no lo es quererlo averiguar todo de propósito. Hase de proceder de ordinario con una hidalga generalidad, ramo de galantería. Es gran parte del regir el disimular. Hase de dar pasada a las más de las cosas, entre familiares, entre amigos, y más entre enemigos. Toda nimiedad es enfadosa, y en la condición, pesada. El ir y venir a un disgusto es especie de manía; y comúnmente tal será el modo de portarse cada uno, cual fuere su corazón y su capacidad.

La autoridad se desgasta cuando quiere estar en todo, saberlo todo, intervenir en el aspecto más minúsculo de cualquier situación. Es más práctico dejar que las cosas fluyan y atender a ese fluir general, sin reparar demasiado en los detalles, o cuando menos sin que se note que se repara. Quien se fija en un millón de tonterías va a crearse un millón de frustraciones. Lo importante es cuidar que las cosas caminen, no cómo se da cada paso.

No ser de vidrio en el trato

Y menos en la amistad. Quiebran algunos con gran facilidad. Descubriendo la poca consistencia; llénanse a sí mismos de ofensión, a los demás de enfado. Muestran tener la condición más niña que las de los ojos, pues no permite ser tocada, ni de burlas ni de veras. Oféndenla las motas, que no son menester ya notas. Han de ir con grande tiento los que los tratan, atendiendo siempre a sus delicadezas; guárdanles los aires, porque el más leve desaire les desazona. Son éstos ordinariamente muy suyos, esclavos de su gusto, que por él atropellarán con todo, idólatras de su honrilla. La condición del amante tiene la mitad de diamante en el durar y en el resistir.

Hay que ser flexible para no romperse. No se puede vivir sin los demás, ni tampoco fastidiado por lo que hacen los demás. Para que nuestras relaciones prosperen tenemos que dejar pasar muchas cosas, pues no todo puede ser exactamente como hubiéramos querido. La extrema sensibilidad casi siempre apunta a la inseguridad o al egoísmo.

No ser inaccesible

Ninguno hay tan perfecto que alguna vez no necesite de advertencia. Es irremediable de necio el que no escucha; el más exento ha de dar lugar al amigable aviso, ni la soberanía ha de excluir la docilidad. Hay hombres irremediables por inaccesibles, que se despeñan porque nadie osa llegar a detenerlos. El más entero ha de tener una puerta abierta a la amistad, y será la del socorro; ha de tener lugar un amigo para poder con desembarazo avisarle, y aun castigarle. La satisfacción le ha de poner en esta autoridad, y el gran concepto de su fidelidad y prudencia. No a todos se les ha de facilitar el respeto, ni aun el crédito; pero tenga en el retrete de su recato un fiel espejo de un confidente a quien deba y estime la corrección en el desengaño.

Por encumbrados que estemos, siempre hay que dejar un canal abierto para el consejo amigo, alguien con la confianza suficiente para decirnos lo que tenemos que saber, aunque no nos guste. Hay quienes se acaban despeñando porque nadie se atrevió a intervenir.

Hombre de gran paz, hombre de mucha vida

Para vivir, dejar vivir. No sólo viven los pacíficos, sino que reinan. Hase de oír y ver, pero callar. El día sin pleito hace la noche soñolienta. Vivir mucho y vivir con gusto es vivir por dos, y fruto de la paz. Todo lo tiene a quien no se le da nada de lo que no le importa. No hay mayor despropósito que tomarlo todo de propósito. Igual necedad que le pase el corazón a quien no le toca, y que no le entre de los dientes adentro a quien le importa.

Nada hay más valioso que una vida sin conflictos. Lo primero es no meterse en lo que no nos importa, para lo cual es necesario considerar con detenimiento lo que de verdad importa. Siempre es menos de lo que uno piensa, mucho menos todavía de lo que amerita un pleito.

Excusar llanezas en el trato

Ni se han de usar, ni se han de permitir. El que se allana pierde luego la superioridad que le daba su entereza, y tras ella la estimación. Los astros, no rozándose con nosotros, se conservan en su esplendor. La divinidad solicita decoro; toda humanidad facilita el desprecio. Las cosas humanas, cuanto se tienen más, se tienen en menos, porque con la comunicación se comunican las imperfecciones que se encubrían con el recato. Con nadie es conveniente el allanarse: no con los mayores, por el peligro, ni con los inferiores, por la indecencia; menos con la villanía, que es atrevida por lo necio, y no reconociendo el favor que se le hace, presume obligación. La facilidad es ramo de vulgaridad.

Asunto muy delicado el de mantener las distancias. Debemos evitar a toda costa que nos vean en el desfiguro, porque nos rebaja, así como nosotros ver a los demás en él, porque nos compromete. Hay que abrir con mucho tiento las puertas de la familiaridad, con mayor aún las de la intimidad.

No se ha de querer ni aborrecer para siempre

Confiar de los amigos hoy como enemigos mañana, y los peores; y pues pasa en la realidad, pase en la prevención. No se han de dar armas a los tránsfugas de la amistad, que hacen con ellas la mayor guerra. Al contrario con los enemigos, siempre puerta abierta a la reconciliación, y sea la de la galantería: es la más segura. Atormentó alguna vez después la venganza de antes y sirve de pesar el contento de la mala obra que se le hizo.

Nada distorsiona la realidad como la intensidad de los sentimientos. Amor y odio se nos figuran eternos, aunque sepamos que no lo son. Ni abrirle todo al amigo ni pegarle con todo al enemigo es la forma más segura de no arrepentirse después.

Saber obligar

Transforman algunos el favor propio en ajeno, y parece, o dan a entender, que hacen merced cuando la reciben. Hay hombres tan advertidos que honran pidiendo, y truecan el provecho suyo en honra del otro. De tal suerte trazan las cosas, que parezca que los otros les hacen servicio cuando les dan, trastrocando con extravagante política el orden del obligar. Por lo menos ponen en duda quién hace favor a quién. Compran a precio de alabanzas lo mejor, y del mostrar gusto de una cosa hacen honra y lisonja. Empeñan la cortesía, haciendo deuda de lo que había de ser su agradecimiento. De esta suerte truecan la obligación de pasiva en activa, mejores políticos que gramáticos. Gran sutileza ésta, pero mayor lo sería el entendérsela, destrocando la necedad, volviéndoles su honra y cobrando cada uno su provecho.

Existe gente capaz de voltearlo todo: hacen como si dieran cuando en realidad reciben, logran que no quede claro quién ayuda a quién, obtienen el favor y encima el agradecimiento. El engaño radica en alterar de manera sutil los valores verdaderos de cada cosa, de modo que la cuenta termine saliendo al revés. Vale estudiar la mecánica de esta delicada transmutación, si no para aplicarla, cuando menos para no sufrirla.

Saber hacer el bien: poco y muchas veces

Nunca ha de exceder el empeño a la posibilidad. Quien da mucho, no da, sino que vende. No se ha de apurar el agradecimiento, que, en viéndose imposibilitado, quebrará la correspondencia. No es menester más para perder a muchos que obligarlos con demasía. Por no pagar se retiran, y dan en enemigos, de obligados. El ídolo nunca querría ver delante al escultor que lo labró, ni el empenado, su bienhechor al ojo. Gran sutileza del dar, que cueste poco y se desee mucho, para que se estime más.

Hasta para hacer el bien hay que cuidar el modo, tanto como la medida. Pasado el apuro lo que empieza a pesar es la deuda y si crece demasiado produce más resentimiento que gratitud. También a la bondad hay que mirarle las motivaciones, pues lo que se hace para comprometer no es favor, ni será tenido por tal.

Nunca dar satisfacción a quien no la pedía

Y aunque se pida, es especie de delito, si es sobrada. El excusarse antes de ocasión es culparse, y el sangrarse en salud es hacer del ojo al mal, y a la malicia. La excusa anticipada despierta el recelo que dormía. Ni se ha de dar el cuerdo por entendido de la sospecha ajena, que es salir a buscar el agravio. Entonces la ha de procurar desmentir con la entereza de su proceder.

Nunca dar excusas por anticipado, ni exagerarlas cuando sean inevitables, ni darse por aludido de las sospechas de los demás. Es mejor que sean nuestras acciones las que desmientan los dichos.

Nunca fiar reputación sin prendas de honra ajena

Hase de ir a la parte del provecho en el silencio, del daño en la facilidad. En intereses de honra siempre ha de ser el trato de compañía, de suerte que la propia reputación haga cuidar de la ajena. Nunca se ha de fiar, pero si alguna vez, sea con tal arte, que pueda ceder la prudencia a la cautela. Sea el riesgo común y recíproca la causa para que no se le convierta en testigo el que se reconoce partícipe.

Si vas a pecar con otros, que todos se comprometan, porque a la hora de pagar los platos rotos el que puede se zafa. El peligro mutuo es lo único que garantiza la lealtad en situaciones escabrosas. Nunca es bueno pasarse de cándido, menos aún en la travesura, menos aún en la delincuencia.

Saber pedir

No hay cosa más dificultosa para algunos ni más fácil para otros. Hay unos que no saben negar; con éstos no es menester ganzúa. Hay otros que el *no* es su primera palabra a todas horas; con éstos es menester la industria. Y con todos, la sazón: un coger los espíritus alegres, o por el pasto antecedente del cuerpo o por el del ánimo. Si ya la atención del reflexo que atiende no previene la sutileza en el que intenta, los días del gozo son los del favor, que redunda del interior a lo exterior. No se ha de llegar cuando se ve negar a otro, que está perdido el miedo al *no*. Sobre tristeza no hay buen lance. El obligar de antemano es cambio donde no corresponde la villanía.

En el modo de pedir ya está una parte del dar. Hay que conocer a la persona, darle por donde le gusta, esperar el momento propicio: nunca cuando vemos que le acaba de negar a otro. La gente suele ser más generosa cuando está contenta.

Saber negar

No todo se ha de conceder, ni a todos. Tanto importa como el saber conceder, y en los que mandan es atención urgente. Aquí entra el modo: más se estima el *no* de algunos que el *sí* de otros, porque un *no* dorado satisface más que un *sí* a secas. Hay muchos que siempre tienen en la boca el *no*, con que todo lo desazonan. El *no* es siempre el primero en ellos, y aunque después todo lo vienen a conceder, no se les estima, porque precedió aquella primera desazón. No se han de negar de rondón las cosas: vaya a tragos el desengaño; ni se ha de negar del todo, que sería desahuciar la dependencia. Queden siempre algunas reliquias de esperanza para que templen lo amargo del negar. Llene la cortesía el vacío del favor y suplan las buenas palabras la falta de las obras. El *no* y el *sí* son breves de decir y piden mucho pensar.

Negar se vuelve inevitable para quien tiene la autoridad, hacerlo con delicadeza ayuda a matizar el golpe y atenúa sus efectos indeseables. Siempre hay que negar con razones, ofrecer alternativas cuando las haya y dejar una puerta abierta a la futura posibilidad, sobre todo con personas a las que tenemos que seguir tratando, o queremos que nos sigan procurando.

No perecer de desdicha ajena

Conozca al que está en el lodo, y note que le reclamará para hacer consuelo del recíproco mal. Buscan quién les ayude a llevar la desdicha, y los que en la prosperidad le daban espaldas, ahora la mano. Es menester gran tiento con los que se ahogan para acudir al remedio sin peligro.

Algunos sólo nos buscan cuando les llega la desgracia: es lo único que les gusta compartir. Hay que tener mucho cuidado a la hora de salvar ahogados, es muy fácil que nos hundan también.

Atajo para ser persona: saberse ladear

Es muy eficaz el trato. Comunícanse las costumbres y los gustos. Pégase el genio, y aun el ingenio sin sentir. Procure, pues, el pronto juntarse con el reportado; y así en los demás genios, con éste conseguirá la templanza sin violencia: es gran destreza saberse atemperar. La alternación de contrariedades hermosea el universo y le sustenta, y si causa armonía en lo natural, mayor en lo moral. Válgase de esta política advertencia en la elección de familiares y de famulares, que con la comunicación de los extremos se ajustará un medio muy discreto.

Los opuestos equilibran el universo, lo embellecen con su variedad. Pasa igual con las personas: es mejor que no sean todas iguales. Nos conviene procurar la divergencia e incluso la contrariedad: servirá para moderarnos y para complementarnos. Importante consideración en los ámbitos de la amistad y del trabajo.

Obrar con buenos instrumentos

Quieren algunos que campee el extremo de su sutileza en la ruindad de los instrumentos: peligrosa satisfacción, merecedora de un fatal castigo. Nunca la bondad del ministro disminuyó la grandeza del patrón; antes, toda la gloria de los aciertos recae después sobre la causa principal, así como al contrario el vituperio. La fama siempre va con los primeros. Nunca dice: «Aquél tuvo buenos o malos ministros», sino: «Aquél fue buen o mal artífice». Haya, pues, elección, haya examen, que se les ha de fiar una inmortalidad de reputación.

Es mejor tener que repartir el aplauso que tratar de repartir la culpa: a final de cuentas, el que acaba dando la cara es quien tiene la responsabilidad. Muchos temen que sus subalternos los opaquen, prefieren hacer equipo a partir de la mediocridad. No conviene escatimar en colaboradores, cada uno de ellos compromete alguna parte de nuestro prestigio y credibilidad.

Saber, o escuchar a quien sabe

Sin entendimiento no se puede vivir, o propio, o prestado; pero hay muchos que ignoran que no saben y otros que piensan que saben, no sabiendo. Achaques de necedad son irremediables, que como los ignorantes no se conocen, tampoco buscan lo que les falta. Serían sabios algunos si no creyesen que lo son. Con esto, aunque son raros los oráculos de cordura, viven ociosos, porque nadie los consulta. No disminuye la grandeza, ni contradice a la capacidad, el aconsejarse. Antes, el aconsejarse bien la acredita. Debata en la razón para que no le combata la desdicha.

Peor que no saber es no aceptar que no sabes: ni siquiera te propones encontrar el remedio. La falsa suficiencia no es autoridad, más bien es la puerta hacia el ridículo. Cumplir no significa saberlo todo, sino ser capaces de resolverlo todo, para lo cual no disminuye apoyarse en los demás. El fracaso es más imperdonable cuando deriva de la soberbia.

Tratar siempre con gente de obligaciones

Puede empeñarse con ellos, y empeñarlos. Su misma obligación es la mayor fianza de su trato, aun para barajar, que obran como quien son, y vale más pelear con gente de bien que triunfar de gente de mal. No hay buen trato con la ruindad, porque no se halla obligada a la entereza; por eso entre ruines nunca hay verdadera amistad, ni es de buena ley la fineza, aunque lo parezca, porque no es en fe de la honra. Reniegue siempre de hombre sin ella, que quien no la estima, no estima la virtud; y es la honra el trono de la entereza.

Que tu trato sea con gente de principios, pues si no los tienen con los demás, tampoco van a tenerlos contigo. Nada bueno sale nunca de la malicia, aunque pueda llegar a parecerlo: si te involucras con ella, vivirás cuidándote las espaldas.

Nunca embarazarse con necios

Eslo el que no los conoce, y más el que, conocidos, no los descarta. Son peligrosos para el trato superficial y perniciosos para la confidencia; y aunque algún tiempo los contenga su recelo propio y el cuidado ajeno, al cabo hacen la necedad o la dicen; y si tardaron, fue para hacerla más solemne. Mal puede ayudar al crédito ajeno quien no le tiene propio. Son infelicísimos, que es el sobrehueso de la necedad, y se pegan una y otra. Sola una cosa tienen menos mala, y es que ya que a ellos los cuerdos no les son de algún provecho, ellos sí de mucho a los sabios, o por noticia o por escarmiento.

Los tontos siempre acaban haciendo su tontería, si se tardan es para que tenga mayor impacto. Lo mejor es evitarlos por completo, vale más que no se nos peguen ni su modo ni su fama. Los necios sólo sirven para ejemplo y escarmiento de lo que no se debe hacer.

Un grano de audacia con todos es importante cordura

Hase de moderar el concepto de los otros para no concebir tan altamente de ellos que les tema; nunca rinda la imaginación al corazón. Parecen mucho algunos hasta que se tratan, pero el comunicarlos más sirvió de desengaño que de estimación. Ninguno excede los cortos límites de hombre. Todos tienen su *si no*, unos en el ingenio, otros en el genio. La dignidad da autoridad aparente, pocas veces la acompaña la personal, que suele vengar la suerte la superioridad del cargo en la inferioridad de los méritos. La imaginación se adelanta siempre y pinta las cosas mucho más de lo que son. No sólo concibe lo que hay, sino lo que pudiera haber. Corríjala la razón, tan desengañada a experiencias. Pero ni la necedad ha de ser atrevida ni la virtud temerosa. Y si a la simplicidad le valió la confianza, ¡cuánto más al valer y al saber!

Debajo de cualquier investidura hay una persona como nosotros, sujeta como nosotros a los límites de la naturaleza humana. El prestigio y el poder no siempre les tocan a quienes los merecen, es común que disfracen la codicia, el embuste y la mediocridad. Que el relumbrón de la fama no nos impida acercarnos a los encumbrados para tomarles su justa medida, ni le ponga topes a lo que nos sentimos capaces de hacer.

Hacer depender

No hace el numen el que lo dora, sino el que lo adora: el sagaz más quiere necesitados de sí que agradecidos. Es robarle a la esperanza cortés fiar del agradecimiento villano, que lo que aquélla es memoriosa, es éste olvidadizo. Más se saca de la dependencia que de la cortesía: vuelve luego las espaldas a la fuente el satisfecho, y la naranja exprimida cae del oro al lodo. Acabada la dependencia, acaba la correspondencia, y con ella la estimación. Sea lección, y de prima en experiencia, entretenerla, no satisfacerla, conservando siempre en necesidad de sí aun al coronado patrón; pero no se ha de llegar al exceso de callar para que yerre, ni hacer incurable el daño ajeno por el provecho propio.

El aprecio de los poderosos existirá mientras dure la utilidad que puedan ver en nosotros. Por encima de la gratitud, siempre pasajera, lo esencial es que siga habiendo razones para que nos busquen, necesidades que sólo nosotros podemos satisfacer. Hay que propiciar que se presenten tales ocasiones y confirmar en cada una de ellas que nadie puede resolverlas mejor. Ser queridos nunca va a ser tan valioso como ser indispensables.

No gastar el favor

Los amigos grandes son para las grandes ocasiones. No se ha de emplear la confianza mucha en cosas pocas, que sería desperdicio de la gracia. La sagrada áncora se reserva siempre para el último riesgo. Si en lo poco se abusa de lo mucho, ¿qué quedará para después? No hay cosa que más valga que los valedores, ni más preciosa hoy que el favor: hace y deshace en el mundo hasta dar ingenio o quitarlo. A los sabios lo que les favorecieron naturaleza y fama les envidió la fortuna. Más es saber conservar las personas y tenerlas que los haberes.

Hay que cuidar la amistad como si fuera un tesoro, no gastarla en bagatelas, reservarla para las ocasiones que de verdad la ameritan. Si llegamos a agotarla, ¿qué nos queda? Más sabio es conservar a las personas que a las cosas.

Excusar victorias del patrón

Todo vencimiento es odioso, y del dueño, o necio, o fatal. Siempre la superioridad fue aborrecida, ¡cuánto más de la misma superioridad! Ventajas vulgares suele disimular la atención, como desmentir la belleza con el desaliño. Bien se hallará quien quiera ceder en la dicha, y en el genio; pero en el ingenio, ninguno, ¡cuánto menos una soberanía! Es éste el atributo rey, y así cualquier crimen contra él fue de lesa majestad. Son soberanos, y quieren serlo en lo que es más. Gustan de ser ayudados los príncipes, pero no excedidos, y que el aviso haga antes viso de recuerdo de lo que olvidaba que de luz de lo que no alcanzó. Enséñanos esta sutileza los astros con dicha; que aunque hijos, y brillantes, nunca se atreven a los lucimientos del sol.

Pocas cosas más letales que opacar a nuestros superiores, sobre todo en lo que atañe a inteligencia. Si llegamos a tener que corregirles algo, conviene presentar la falla como descuido, no como incapacidad. La aptitud no debe hacernos olvidar la posición: los subordinados de talento tienen que cuidar cómo lo lucen. Hasta las estrellas más brillantes ceden su lugar al sol.

Nunca partir secretos con mayores

Pensará partir peras y partirá piedras. Perecieron muchos de confidentes. Son éstos como cuchara de pan, que corre el mismo riesgo después. No es favor del príncipe, sino pecho, el comunicarlo. Quiebran muchos el espejo porque les acuerda la fealdad. No puede ver al que le pudo ver, ni es bien visto el que vio mal. A ninguno se ha de tener muy obligado, y al poderoso menos. Sea antes con beneficios hechos que con favores recibidos. Sobre todo, son peligrosas confianzas de amistad. El que comunicó sus secretos a otro hízose esclavo de él, y en soberanos es violencia que no puede durar. Desean volver a redimir la libertad perdida, y para esto atropellarán con todo, hasta la razón. Los secretos, pues, ni oírlos, ni decirlos.

La confianza con los superiores es terreno pantanoso, sobre todo cuando llega más allá de lo profesional. Ni la juerga ni el romance combinan favorablemente con la vida en el despacho: la intimidad compartida suele terminar pesando y el que puede se sacude lo que le molesta a la primera oportunidad. Es mejor que no sepamos, ni se sepa que sabemos, lo que no deberíamos saber.

De la apariencia

Todo nace de la percepción. Nuestras ideas sobre la realidad son una imagen de lo que ésta nos proyecta. La objetividad total nunca es posible: desde el momento en que los hechos impactan nuestros sentidos ya están siendo alterados por una infinidad de nociones preestablecidas.

Buena parte del pensamiento táctico de Gracián insiste en la relevancia primordial de la apariencia, tanto en términos de la necesidad de elaborar la propia como de aprender a descifrar la ajena. Es un arte que se pone en movimiento desde mucho antes de que las cosas se revelen en la práctica, cuando apenas se anticipa su llegada en la imaginación.

La forma como se percibe lo que hacemos siempre estará ligada a la impresión que producimos en los demás. Ser, hacer y parecer forman un compuesto indisoluble, en el que cada una de las partes determina a las otras. Así lo entiende Gracián y por ello dedica un nutrido conjunto de reflexiones a la forma en la que conviene construir y presentar nuestra imagen, de modo que transmita atractivo, expectativa y misterio, resalte lo positivo y encubra lo negativo, brille con la luz insuperable de la modestia y haga alarde de sus dones en la medida exacta para prevenir la envidia.

El resto de su pensamiento sobre este tema destaca la centralidad de lo aparente para la eficacia táctica. En su experiencia, el éxito de cualquier iniciativa dependerá en alguna medida de la simulación. Nunca debemos revelar por entero ni nuestros recursos ni nuestras intenciones, tampoco dejar que se note que tratamos de encubrirlas. Este juego de espejismos puede alcanzar una complejidad delirante, propiamente barroca, que sin embargo nunca pierde de vista su propósito práctico. Lo que la rige en última instancia es la búsqueda de la efectividad, que siempre implicará por una parte aplicación y método, y por otra escepticismo, disimulo y cautela.

Obrar de intención, ya segunda, y ya primera

Milicia es la vida del hombre contra la malicia del hombre, pelea la sagacidad con estratagemas de intención. Nunca obra lo que indica, apunta, sí, para deslumbrar; amaga al aire con destreza y ejecuta en la impensada realidad, atenta siempre a desmentir. Echa una intención para asegurarse de la émula atención, y revuelve luego contra ella venciendo por lo impensado. Pero la penetrante inteligencia la previene con atenciones, la acecha con reflexas, entiende siempre lo contrario de lo que quiere que entienda, y conoce luego cualquier intentar de falso; deja pasar toda primera intención, y está en espera a la segunda y aun a la tercera. Auméntase la simulación al ver alcanzado su artificio, y pretende engañar con la misma verdad: muda de juego por mudar de treta, y hace artificio del no artificio, fundando su astucia en la mayor candidez. Acude la observación entendiendo su perspicacia, y descubre las tinieblas revestidas de la luz; descifra la intención, más solapada cuanto más sencilla. De esta suerte combaten la calidez de Pitón contra la candidez de los penetrantes rayos de Apolo.

Este breve tratado de esgrima interpersonal condensa de manera brillante uno de los aspectos centrales del pensamiento táctico de Gracián, la certeza de que la simulación (y el desciframiento de la simulación) son los elementos decisivos de cualquier enfrentamiento. Empieza por una declaración de principio: nuestra vida es una guerra permanente contra la malicia de los demás, en la cual la astucia es nuestro principal aliado. Luego reproduce los vaivenes de una dinámica en la que una de las partes distrae la atención con intenciones falsas, mientras que la otra anticipa el engaño y no se deja llevar por lo primero que ve. El artificio alcanza su nivel más elevado cuando el embuste consiste en mentir con la verdad, en ocultar con la aparente transparencia. La mente observadora descifra esta nueva trampa, sabe que la treta más compleja es la que parece más simple. Tal contrapunto incesante entre la luz y las tinieblas, tanto reales como aparentes, remata con una alusión al mito de Apolo y Pitón, que luchan por el control del oráculo de Delfos: la posibilidad de conocer el futuro y propiciar su desenlace.

Llevar sus cosas con suspensión

La admiración de la novedad es estimación de los aciertos. El jugar a juego descubierto ni es de utilidad ni de gusto. El no declararse luego suspende, y más donde la sublimidad del empleo da objeto a la universal expectación; amaga misterio en todo, y con su misma arcanidad provoca la veneración. Aun en el darse a entender se ha de huir la llaneza, así como ni en el trato se ha de permitir el interior a todos. Es el recatado silencio sagrado de la cordura. La resolución declarada nunca fue estimada; antes se permite a la censura, y si saliere azar, será dos veces infeliz. Imítese, pues, el proceder divino para hacer estar a la mira y al desvelo.

El misterio nutre la expectativa, pica la curiosidad, lo reviste todo de un aire portentoso. Nada se gana con revelar de antemano lo que pensamos hacer: nos expone a la crítica en lo inmediato y al ridículo cuando las cosas no terminan por salir. Reservar en todo un margen de indefinición sirve para que la gente se mantenga interesada y atenta.

No allanarse sobrado en el concepto

Los más no estiman lo que entienden, y lo que no perciben lo veneran. Las cosas, para que se estimen, han de costar. Será celebrado cuando no fuere entendido. Siempre se ha de mostrar uno más sabio y prudente de lo que requiere aquel con quien trata, para el concepto, pero con proporción, más que exceso. Y si bien con los entendidos vale mucho el seso en todo, para los más es necesario el remonte. No se les ha de dar lugar a la censura, ocupándolos en el entender. Alaban muchos lo que, preguntados, no saben dar razón. ¿Por qué? Todo lo recóndito veneran por misterio y lo celebran porque oyen celebrarlo.

La credibilidad no depende por entero de los argumentos, sino de la autoridad que se le confiere a la persona que los articula. No hay que dar motivos que disminuyan la nuestra, sobre todo con personas a las que les cuesta entender. Mientras la gente esté ocupada en interpretar, será más difícil que comience a criticar. Un poco de opacidad propicia la veneración, sin exageraciones.

Entrar con la ajena para salir con la suya

Es estratagema del conseguir. Aun en las materias del cielo encargan esta santa astucia los cristianos maestros. Es un importante disimulo, porque sirve de cebo la concebida utilidad para coger una voluntad: parécele que va delante la suya, y no es más de para abrir camino a la pretensión ajena. Nunca se ha de entrar a lo desatinado, y más donde hay fondo de peligro. También con personas cuya primera palabra suele ser el *no* conviene desmentir el tiro, porque no se advierta la dificultad del conceder, mucho más cuando se presiente la aversión. Pertenece este aviso a los de segunda intención, que todos son de la quinta sutileza.

Conviene esconder nuestras intenciones dentro de las de alguien más, para que sean las suyas las que choquen primero contra el potencial rechazo y allanen el camino. Nunca va a faltar quien quiera ir por delante, pues cree que lleva la mano, cuando en realidad sirve de sonda. Esto hay que intentarlo sobre todo en situaciones donde se presiente peligro y se quiere dejar una puerta de escape que no nos comprometa. Requiere mucha habilidad y sutileza.

Obrar siempre como a vista

Aquél es varón remirado que mira que le miran o que le mirarán. Sabe que las paredes oyen y que lo mal hecho revienta por salir. Aun cuando solo, obra como a vista de todo el mundo, porque sabe que todo se sabrá; ya mira como a testigos ahora a los que por la noticia lo serán después. No se recataba de que le podían registrar en su casa desde las ajenas el que deseaba que todo el mundo le viese.

Lo malo pugna por salir a la luz y termina por lograrlo; vivamos en el entendido de que todo se acabará por saber. Cuando nos exponemos a la mirada ajena no podemos controlar quiénes nos miran, ni en qué se fijan, ni para qué.

Incomprensibilidad de caudal

Excuse el varón atento sondarle el fondo, ya al saber, ya al valer, si quiere que le veneren todos. Permítase al conocimiento, no a la comprensión. Nadie le averigüe los términos de la capacidad, por el peligro evidente del desengaño. Nunca dé lugar a que alguno le alcance todo: mayores efectos de veneración causa la opinión y duda de adónde llega el caudal de cada uno que la evidencia de él, por grande que fuere.

No conviene permitir que se nos mire el fondo, la duda opera a nuestro favor. Demos a entender que hay más, pero no cuánto. Lo real rara vez tiene el mismo impacto que lo posible.

Hombre desafectado

A más prendas, menos afectación, que suele ser vulgar desdoro de todas. Es tan enfadosa a los demás cuan penosa al que la sustenta, porque vive mártir del cuidado, y se atormenta con la puntualidad. Pierden su mérito las mismas eminencias con ella, porque se juzgan nacidas antes de la artificiosa violencia que de la libre naturaleza, y todo lo natural fue siempre más grato que lo artificial. Los afectados son tenidos por extranjeros en lo que afectan; cuanto mejor se hace una cosa se ha de desmentir la industria, porque se vea que se cae de su natural la perfección. Ni por huir la afectación se ha de dar en ella, afectando el no afectar. Nunca el discreto se ha de dar por entendido de sus méritos, que el mismo descuido despierta en los otros la atención. Dos veces es eminente el que encierra todas las perfecciones en sí, y ninguna en su estimación; y por encontrada senda llega al término de la plausibilidad.

Toda vanidad es fastidiosa, tanto para el que cae en ella como para los que tienen que sufrirla. Entre más hemos logrado, menos hace falta presumirlo: la excesiva afectación vuelve sospechosos hasta los méritos reales. Vale más dejar que los triunfos brillen por sí mismos y que los talentos se hagan aparentes de manera natural. Reclamar el aplauso es la forma más segura de lograr que se nos niegue, aun cuando lo merezcamos.

Nunca hablar de sí

O se ha de alabar, que es desvanecimiento, o se ha de vituperar, que es poquedad; y, siendo culpa de cordura en el que dice, es pena de los que oyen. Si esto se ha de evitar en la familiaridad, mucho más en puestos sublimes, donde se habla en común, y pasa ya por necedad cualquier apariencia de ella. El mismo inconveniente de cordura tiene el hablar de los presentes por el peligro de dar en uno de dos escollos: de lisonja, o vituperio.

Los menos indicados para hablar de lo propio somos nosotros mismos. O bien parecerá que presumimos o que queremos pasar por modestos y la gente siempre va a entenderlo todo de la peor manera. Lo mismo vale para hablar de los presentes: difícilmente considerarán que decimos de ellos lo justo. Si esto hay que cuidarlo en lo privado, con mayor razón en lo público.

Usar de la ausencia

O para el respeto, o para la estimación. Si la presencia disminuye la fama, la ausencia la aumenta. El que ausente fue tenido por león, presente fue ridículo parto de los montes. Deslústranse las prendas si se rozan, porque se ve antes la corteza del exterior que la mucha substancia del ánimo. Adelántase más la imaginación que la vista, y el engaño, que entra de ordinario por el oído, viene a salir por los ojos. El que se conserva en el centro de su opinión conserva la reputación; que aun la fénix se vale del retiro para el decoro, y del deseo para el aprecio.

También nuestra presencia se desgasta con el uso. Entre más nos miran más nos miden, y por lo que menos cuenta, que es por lo superficial. Es mejor que figuremos en porciones reducidas, lo bastante para picar el interés, más que para producir hartazgo.

No entrar con sobrada expectación

Ordinario desaire de todo lo muy celebrado antes, no llegar después al exceso de lo concebido. Nunca lo verdadero pudo alcanzar a lo imaginado, porque el fingirse las perfecciones es fácil, y muy dificultoso el conseguirlas. Cásase la imaginación con el deseo, y concibe siempre mucho más de lo que las cosas son. Por grandes que sean las excelencias, no bastan a satisfacer el concepto, y como le hallan engañado con la exorbitante expectación, más presto le desengañan que le admiran. La esperanza es gran falsificadora de la verdad: corríjala la cordura, procurando que sea superior la fruición al deseo. Unos principios de crédito sirven de despertar la curiosidad, no de empeñar el objeto. Mejor sale cuando la realidad excede al concepto y es más de lo que se creyó. Faltará esta regla en lo malo, pues le ayuda la misma exageración; desmiéntela con aplauso, y aun llega a parecer tolerable lo que se temió extremo de ruin.

Es más fácil decepcionar cuando se promete mucho. La gente juzga lo que recibe en función de lo que esperaba. Siempre será mejor que las expectativas pequen de cortas, así será más probable que los hechos las superen con margen. Sólo hay que prometer lo necesario para despertar el interés, sin comprometer el resultado. Lo único que conviene exagerar es lo malo que se avecina, para que cuando llegue parezca poco.

Usar, no abusar, de las reflexas

No se han de afectar, menos dar a entender. Toda arte se ha de encubrir, que es sospechosa, y más la de cautela, que es odiosa. Úsase mucho el engaño; multiplíquese el recelo, sin darse a conocer, que ocasionaría la desconfianza; mucho desobliga y provoca a la venganza, despierta el mal que no se imaginó. La reflexión en el proceder es gran ventaja en el obrar: no hay mayor argumento del discurso. La mayor perfección de las acciones está afianzada del señorío con que se ejecutan.

Recelar de todo sin que parezca que recelamos. La mera sospecha de la sospecha basta para despertar la desconfianza y disponer a los demás en nuestra contra. Tan importante es ponderarlo todo como encubrir que lo hacemos. La naturalidad y el aplomo en el actuar ayudan a que se disipe la suspicacia.

Saber usar de la necedad

El mayor sabio juega tal vez de esta pieza, y hay tales ocasiones, que el mejor saber consiste en mostrar no saber. No se ha de ignorar, pero sí afectar que se ignora. Con los necios poco importa ser sabio, y con los locos cuerdo: hásele de hablar a cada uno en su lenguaje. No es necio el que afecta la necedad, sino el que la padece. La sencilla lo es, que no la doble, que hasta esto llega el artificio. Para ser bienquisto, el único medio, vestirse la piel del más simple de los brutos.

Es mejor saber sin que se sepa que sabes. Dirigirse a cada quien en la medida de su entendimiento. Pasar por tonto no es serlo, cuando las circunstancias lo aconsejan.

Palabras de seda, con suavidad de condición

Atraviesan el cuerpo las jaras, pero las malas palabras el alma. Una buena pasta hace que huela bien la boca. Gran sutileza del vivir, saber vender el aire. Lo más se paga con palabras, y bastan ellas a desempeñar una imposibilidad. Negóciase en el aire con el aire, y alienta mucho el aliento soberano. Siempre se ha de llevar la boca llena de azúcar para confitar palabras, que saben bien a los mismos enemigos. Es el único medio para ser amable el ser apacible.

Casi todo se consigue con palabras, especie de monedas de aire que se truecan en el aire. Mucho alientan cuando surgen de la autoridad, y aunque no tengan materia pueden destrozar el alma. No hay mejor negocio que vender el aire. Que la boca siempre esté llena de azúcar para endulzar las palabras: son reflejo de un carácter apacible.

Sentir con los menos y hablar con los más

Querer ir contra el corriente es tan imposible al desengaño cuanto fácil al peligro. Sólo un Sócrates podría emprenderlo. Tiénese por agravio el disentir, porque es condenar el juicio ajeno. Multiplícanse los disgustados, ya por el sujeto censurado, ya del que lo aplaudía. La verdad es de pocos, el engaño es tan común como vulgar. Ni por el hablar en la plaza se ha de sacar el sabio, pues no habla allí con su voz, sino con la de la necedad común, por más que la esté desmintiendo su interior. Tanto huye de ser contradicho el cuerdo como de contradecir: lo que es pronto a la censura, es detenido a la publicidad de ella. El sentir es libre, no se puede ni debe violentar; retírase al sagrado de su silencio; y si tal vez se permite, es a sombra de pocos y cuerdos.

La razón no logra convencer cuando el error es compartido por la mayoría. Discrepar se tiene entonces por insulto porque pone en entredicho el juicio general. Cuidémonos de discutir cuando no vemos las condiciones, sólo vamos a ganarnos enemigos. El prudente se contenta con conocer su verdad y la comparte en el momento adecuado con quienes pueden comprenderla.

No ser libro verde

Señal de tener gastada la fama propia es cuidar de la infamia ajena. Querrían algunos con las manchas de los otros disimular, si no lavar, las suyas; o se consuelan, que es el consuelo de los necios. Huéleles mal la boca a éstos, que son los albañares de las inmundicias civiles. En estas materias, el que más escarba, más se enloda. Pocos se escapan de algún achaque original, o al derecho, o al través. No son conocidas las faltas en los poco conocidos. Huya el atento de ser registro de infamias, que es ser un aborrecido padrón y, aunque vivo, desalmado.

Viven muy pendientes de la vida ajena quienes ya no esperan nada de la propia. Como si los errores de los demás pudieran justificar los suyos o servirles de consuelo. Nadie está libre de defecto o culpa; dedicarse sólo a hablar de los ajenos termina por ensuciarnos y por envilecernos. Evitemos ser catálogo de la inmundicia general, hará que los demás nos aborrezcan.

No descubrir el dedo malo, que todo topará allí

No quejarse de él, que siempre sacude la malicia adonde le duele a la flaqueza. No servirá el picarse uno sino de picar el gusto al entretenimiento. Va buscando la mala intención el achaque de hacer saltar: arroja varillas para hallarle el sentimiento, hará la prueba de mil modos hasta llegar al vivo. Nunca el atento se dé por entendido, ni descubra su mal, o personal o heredado, que hasta la fortuna se deleita a veces de lastimar donde más ha de doler. Siempre mortifica en lo vivo; por esto no se ha de descubrir, ni lo que mortifica, ni lo que vivifica: uno para que se acabe, otro para que dure.

Nunca hay que mostrar el punto débil, que es ahí donde nos van a pegar. Ya lo buscan nuestros enemigos de cualquier manera. Entre menos se sepa de ti, menos se sabrá lo que puede afectarte.

No es necio el que hace la necedad, sino el que, hecha, no la sabe encubrir

Hanse de sellar los afectos, ¡cuánto más los defectos! Todos los hombres yerran, pero con esta diferencia, que los sagaces desmienten las hechas, y los necios mientan las por hacer. Consiste el crédito en el recato, más que en el hecho, que si no es uno casto, sea cauto. Los descuidos de los grandes hombres se observan más, como eclipses de las lumbreras mayores. Sea excepción de la amistad el no confiarle los defectos; ni aun, si ser pudiese, a su misma identidad. Pero puédese valer aquí de aquella otra regla del vivir, que es saber olvidar.

Si no pudimos evitar el pecado, evitemos su divulgación. La fama no está en lo que hacemos, sino en lo que se sabe que hicimos. Que la discreción sea el contrapeso obligado de la debilidad o de la torpeza, tanto más indispensable para quienes viven bajo la mirada pública.

Nunca permitir a medio hacer las cosas

Gócense en su perfección. Todos los principios son informes, y queda después la imaginación de aquella deformidad, la memoria de aquello visto imperfecto no lo deja lograr acabado. Gozar de un golpe el objeto grande, aunque embaraza el juicio de las partes, de por sí adecua el gusto. Antes de ser todo es nada, y en el comenzar a ser se está aún muy dentro de su nada. El ver guisar el manjar más regalado sirve antes de asco que de apetito. Recátese, pues, todo gran maestro de que le vean sus obras en embrión. Aprenda de la naturaleza a no exponerlas hasta que puedan parecer.

La imagen de las cosas a medio cuajar queda en el recuerdo de quienes las conocieron así y sigue afectando su juicio cuando las ven acabadas. Siempre será mayor el impacto de lo maduro cuando llega de un solo golpe. A la paciencia que se requiere para las grandes empresas, agregar la que se necesita para esperar su reconocimiento.

Permitirse algún venial desliz

Que un descuido suele ser tal vez la mayor recomendación de las prendas. Tiene su ostracismo la envidia, tanto más civil cuanto más criminal. Acusa lo muy perfecto de que peca en no pecar; y por perfecto en todo, lo condena todo. Hácese Argos en buscarle faltas a lo muy bueno, para consuelo siquiera. Hiere la censura, como el rayo, los más empinados realces. Dormite, pues, tal vez Homero, y afecte algún descuido en el ingenio, o en el valor, pero nunca en la cordura, para sosegar la malevolencia, no reviente ponzoñosa: será como un echar la capa al toro de la envidia para salvar la inmortalidad.

La envidia se concentra en lo que más resplandece. Muestra mucha astucia quien revela algún defecto pequeño antes de que le descubran o le inventen uno grande. Dejar que se entrevea de vez en cuando alguna falla menor hace a la gente más querible y más creíble, vuelve más tolerable cualquier posible superioridad.

Hombre de ostentación

Es el lucimiento de las prendas. Hay vez para cada una: lógrese, que no será cada día el de su triunfo. Hay sujetos bizarros en quienes lo poco luce mucho, y lo mucho hasta admirar. Cuando la ostentativa se junta con la eminencia, pasa por prodigio. Hay naciones ostentosas, y la española lo es con superioridad. Fue la luz pronto lucimiento de todo lo creado. Llena mucho el ostentar, suple mucho y da un segundo ser a todo, y más cuando la realidad se afianza. El cielo, que da la perfección, previene la ostentación, que cualquiera a solas fuera violenta. Es menester arte en el ostentar: aun lo muy excelente depende de circunstancias y no tiene siempre vez. Salió mal la ostentativa cuando le faltó su sazón. Ningún realce pide ser menos afectado, y perece siempre de este desaire, porque está muy al canto de la vanidad, y ésta del desprecio. Ha de ser muy templada porque no dé en vulgar, y con los cuerdos está algo desacreditada su demasía. Consiste a veces más en una elocuencia muda, en un mostrar la perfección al descuido; que el sabio disimulo es el más plausible alarde, porque aquella misma privación pica en lo más vivo a la curiosidad. Gran destreza suya no descubrir toda la perfección de una vez, sino por brújula irla pintando, y siempre adelantando; que un realce sea empeño de otro mayor, y el aplauso del primero, nueva expectación de los demás.

Nada exige mayor talento que saber lucir las cosas: hay que refinar la forma y esperar el día. Lo bien hecho bien mostrado puede parecer portento; lo perfecto no lo necesita, ya de suyo es exageración. La excesiva afectación vuelve despreciable lo admirable, porque cae en la vulgaridad. Lo mejor es ir mostrando como al descuido, en pequeñas dosis, insinuando apenas, para que cada discreto adelanto haga crecer las expectativas de lo que aún está por venir.

De la mesura

Cada cosa tiene su medida óptima. Mucho en la vida depende de que la aprendamos a determinar. Aunque tengamos los ingredientes y existan las condiciones, nada resulta del todo cuando nos falla la proporción. En sus meditaciones, Gracián recala una y otra vez sobre el tema de la mesura, que acaso de manera previsible interpreta en primera instancia como moderación. No tanto porque lo exija el decoro, sino porque lo reclama la efectividad. Ser demasiado pasivos puede crearnos problemas, pero lo que suele perder a la mayoría de la gente es la incapacidad para controlar sus impulsos, no saber en qué momento lo que conviene es parar.

El tema de la medida idónea tiene más derivaciones de las que se nos presentan a primera vista y abarca multitud de aspectos en los que rara vez solemos reparar. Por una parte está la cantidad, que se liga estrechamente con la frecuencia. Por otra está la intensidad, que puede ser descarrilada por la pasión. Se requiere persistencia para llevar a término cualquier iniciativa, pero cuando se pasa de su punto se convierte en obstinación. Todo cambia de signo cuando rebasa su norma, produce el efecto contrario del que suele desprenderse de su naturaleza original.

Como siempre, Gracián se cuida de proponernos fórmulas inmutables, recetas que pretendan aplicarse a cualquier situación. Más bien nos invita a alterar nuestro punto de vista, a mirar lo cotidiano desde un ángulo diferente, a escuchar lo que los propios hechos nos están tratando de decir. Su arte de la mesura no se enfoca únicamente en resolver la contingencia inmediata, lo que se propone en el fondo es descifrar el ritmo de la vida, descubrir las claves de su equilibrio, dar con ese camino intermedio que conduce a la riqueza de su plenitud. Las suyas son sobre todo sugerencias e intuiciones que cada quien debe ajustar a su talante y llevar a la práctica según la ocasión.

Nunca apurar, ni el mal, ni el bien

A la moderación en todo redujo la sabiduría toda un sabio. El sumo derecho se hace tuerto, y la naranja que mucho se estruja llega a dar lo amargo. Aun en la fruición nunca se ha de llegar a los extremos. El mismo ingenio se agota si se apura, y sacará sangre por leche el que esquilmare a lo tirano.

Que nada sea demasiado, ni demasiado rápido. Aun lo dulce y lo recto se deforman con el exceso; la prisa puede malograr los planes mejor pensados. No se les puede sacar a las cosas más de lo que tienen, ni antes de que les llegue su hora.

Saberse atemperar

No se ha de mostrar igualmente entendido con todos, ni se han de emplear más fuerzas de las que son menester. No haya desperdicios, ni de saber, ni de valer. No echa a la presa el buen cetrero más rapiña de la que ha menester para darle caza. No esté siempre de ostentación, que al otro día no admirará. Siempre ha de haber novedad con qué lucir, que quien cada día descubre más, mantiene siempre la expectación y nunca llegan a descubrirle los términos de su gran caudal.

Sólo usar lo necesario para cualquier situación. Nunca hay que dilapidar recursos, ni talento, ni mostrar a los demás por entero hasta dónde se puede llegar. Todo lo que está de sobra disminuye el impacto o termina por fastidiar. Siempre hay que dejar algo en reserva para lo imprevisto, para lo extraordinario, para la variedad. El exceso convierte lo eficaz en redundante y lo admirable en ridículo.

Saber abstraer

Que si es gran lección del vivir el saber negar, mayor será saberse negar a sí mismo, a los negocios, a los personajes. Hay ocupaciones extrañas, polillas del precioso tiempo, y peor es ocuparse en lo impertinente que hacer nada. No basta para atento no ser entremetido, mas es menester procurar que no le entremetan. No ha de ser tan de todos, que no sea de sí mismo. Aun de los amigos no se ha de abusar, ni quiera más de ellos de lo que le concedieren. Todo lo demasiado es vicioso, y mucho más en el trato. Con esta cuerda templanza se conserva mejor el agrado con todos, y la estimación, porque no se roza la preciosísima decencia. Tenga, pues, libertad de genio, apasionado de lo selecto, y nunca peque contra la fe de su buen gusto.

El mundo está lleno de distracciones inútiles: en algunas nos perdemos por voluntad propia, en otras porque dejamos que los demás nos inmiscuyan. Es más fácil que nos desperdiguemos hacia el exterior cuando nos falta claridad en lo interior. La medida de nuestro trato con los demás debe asentarse en el equilibrio con nosotros mismos.

No cansar

Suele ser pesado el hombre de un negocio, y el de un verbo. La brevedad es lisonjera, y más negociante; gana por lo cortés lo que pierde por lo corto. Lo bueno, si breve, dos veces bueno; y aun lo malo, si poco, no tan malo. Más obran quintas esencias que fárragos; y es verdad común que hombre largo raras veces entendido, no tanto en lo material de la disposición cuanto en lo formal del discurso. Hay hombres que sirven más de embarazo que de adorno del universo, alhajas perdidas que todos las desvían. Excuse el discreto el embarazar, y mucho menos a grandes personajes, que viven muy ocupados, y sería peor desazonar uno de ellos que todo lo restante del mundo. Lo bien dicho se dice presto.

Ni insistente, ni farragoso: no hay que ser de un solo tema, ni andarlo repitiendo hasta el cansancio. Todo el mundo se fastidia y más los poderosos, que están siempre con el tiempo encima. Lo que no se supo decir con pocas palabras, menos se sabrá decir con muchas, lo mejor es pasar a otra cosa. La elocuencia es expedita y sustancial.

No ser malilla

Achaque es de todo lo excelente que su mucho uso viene a ser abuso. El mismo codiciarlo todos viene a parar en enfadar a todos. Grande infelicidad ser para nada; no menor querer ser para todo. Vienen a perder éstos por mucho ganar, y son después tan aborrecidos cuanto fueron antes deseados. Rózanse de estas malillas en todo género de perfecciones, que, perdiendo aquella primera estimación de raras, consiguen el desprecio de vulgares. El único remedio de todo lo extremado es guardar un medio en el lucimiento: la demasía ha de estar en la perfección y la templanza en la ostentación. Cuanto más luce una antorcha, se consume más y dura menos. Escaseces de apariencia se premian con logros de estimación.

Lo que brilla mucho se consume pronto. El problema con lo bueno es querer usarlo todo el tiempo y para todo. De la admiración al hartazgo media apenas un breve paso, el de la saturación. Hay que cuidar lo que vale para que siga valiendo.

Ni todo suyo, ni todo ajeno

Es una vulgar tiranía. Del quererse todo para sí se sigue luego querer todas las cosas para sí. No saben éstos ceder en la más mínima, ni perder un punto de su comodidad. Obligan poco, fíanse en su fortuna, y suele falsearles el arrimo. Conviene tal vez ser de otros para que los otros sean de él, y quien tiene empleo común ha de ser esclavo común, o «renuncie el cargo con la carga», dirá la vieja a Adriano. Al contrario, otros todos son ajenos, que la necedad siempre va por demasías, y aquí infeliz: no tienen día, ni aun hora suya, con tal exceso de ajenos, que alguno fue llamado «el de todos». Aun en el entendimiento, que para todos saben y para sí ignoran. Entienda el atento que nadie le busca a él, sino su interés en él, o por él.

Tan mala es la misantropía como la excesiva socialización. Una peca de egoísmo y conduce al aislamiento, la otra de excesiva liberalidad y propicia el abandono de uno mismo. La medida conveniente entre lo ajeno y lo propio debe ser la reciprocidad.

Arte en el intentar

La necedad siempre entra de rondón, que todos los necios son audaces. Su misma simplicidad, que les impide primero la advertencia para los reparos, les quita después el sentimiento para los desaires. Pero la cordura entra con grande tiento. Son sus batidores la advertencia y el recato, ellos van descubriendo para proceder sin peligro. Todo arrojamiento está condenado por la discreción a despeño, aunque tal vez lo absuelva la ventura. Conviene ir detenido donde se teme mucho fondo: vaya intentando la sagacidad y ganando tierra la prudencia. Hay grandes bajíos hoy en el trato humano: conviene ir siempre calando sonda.

La imprudencia suele entrar con todo: pasa por encima del reparo y es insensible al repudio, sólo la salva la suerte. La cordura en cambio es sigilosa, va tanteando cada paso, abre su camino con inteligencia y se asienta en el terreno con serenidad. Cada nuevo intento es arriesgado, conviene irle midiendo las distancias.

Arte de dejar estar

Y más cuando más revuelta la común mar, o la familiar. Hay torbellinos en el humano trato, tempestades de voluntad; entonces es cordura retirarse al seguro puerto del dar vado. Muchas veces empeoran los males con los remedios. Dejar hacer a la naturaleza allí, y aquí a la moralidad. Tanto ha de saber el sabio médico para recetar como para no recetar, y a veces consiste el arte más en el no aplicar remedios. Sea modo de sosegar vulgares torbellinos el alzar mano y dejar sosegar; ceder al tiempo ahora será vencer después. Una fuente con poca inquietud se enturbia, ni se volverá a serenar procurándolo, sino dejándola. No hay mejor remedio de los desconciertos que dejarlos correr, que así caen de sí propios.

Cuando no estamos seguros de lo que conviene hacer, lo mejor es no hacer nada, sobre todo en situaciones tormentosas. Pide igual de inteligencia hacer lo que se necesita que saber hacerse a un lado, desprenderse y esperar a que las cosas se asienten. Ciertas contingencias sólo las resuelve el tiempo y su propia naturaleza.

Usar del reporte

Hase de estar más sobre el caso en los acasos. Son los ímpetus de las pasiones deslizaderos de la cordura, y allí es el riesgo de perderse. Adelántase uno más en un instante de furor o contento que en muchas horas de indiferencia. Corre tal vez en breve rato para correrse después toda la vida. Traza la ajena astuta intención estas tentaciones de prudencia para descubrir tierra, o ánimo. Válese de semejantes torcedores de secretos, que suelen apurar el mayor caudal. Sea contraardid el reporte, y más en las prontitudes. Mucha reflexión es menester para que no se desboque una pasión, y gran cuerdo el que a caballo lo es. Va con tiento el que concibe el peligro. Lo que parece ligera la palabra al que la arroja, le parece pesada al que la recibe y la pondera.

La intensidad de las emociones siempre nubla la razón. Lo que se hace o se dice en un momento de pasión no mide sus consecuencias, pero tendrá que asumirlas. La emergencia y el peligro son propicios para el desbarranco, además de que los otros aprovechan el trance para medirnos el fondo. A mayor intensidad, mayor serenidad, y esperar a que transcurra el momento.

Hablar de atento

Con los émulos por cautela, con los demás por decencia. Siempre hay tiempo para enviar la palabra, pero no para volverla. Hase de hablar como en testamento, que a menos palabras, menos pleitos. En lo que no importa se ha de ensayar uno para lo que importare. La arcanidad tiene visos de divinidad. El fácil a hablar cerca está de ser vencido y convencido.

Decir sólo lo necesario, en el momento que toca. Una vez salidas las palabras no se pueden volver a guardar. La brevedad es más amable, más elegante y más eficaz. Practicar este principio con lo cotidiano nos prepara para lo importante.

No aprender fuertemente

Todo necio es persuadido, y todo persuadido necio; y cuanto más erróneo su dictamen, es mayor su tenacidad. Aun en caso de evidencia, es ingenuidad el ceder, que no se ignora la razón que tuvo y se conoce la galantería que tiene. Más se pierde con el arrimamiento que se puede ganar con el vencimiento; no es defender la verdad, sino la grosería. Hay cabezas de hierro dificultosas de convencer, con extremo irremediable; cuando se junta lo caprichoso con lo persuadido, cásanse indisolublemente con la necedad. El tesón ha de estar en la voluntad, no en el juicio. Aunque hay casos de excepción, para no dejarse perder y ser vencido dos veces: una en el dictamen, otra en la ejecución.

Peor que no tener razón es obstinarte cuando no la tienes. Incluso cuando la tienes, es mejor no discutir: siempre queda uno mejor cuando no se empecina. La verdad termina por salir y queda el testimonio de tu carácter prudente. Cuando el error se junta con la persistencia se convierte en necedad. La constancia debe aplicarse a la voluntad, las ideas deben estar abiertas a los argumentos y a las evidencias.

No proseguir la necedad

Hacen algunos empeño del desacierto, y porque comenzaron a errar, les parece que es constancia el proseguir. Acusan en el foro interno su yerro, y en el externo lo excusan, con que si cuando comenzaron la necedad fueron notados de inadvertidos, al proseguirla son confirmados en necios. Ni la promesa inconsiderada, ni la resolución errada inducen obligación. De esta suerte continúan algunos su primera grosería y llevan adelante su cortedad: quieren ser constantes impertinentes.

Antes que reconocer un error, hay quienes prefieren continuar por el camino errado, por temor a que parezca que vacilan. Es entonces cuando lo que pudo haberse tomado por descuido se confirma como necedad. Ni las promesas precipitadas ni las decisiones equivocadas tienen por qué mantenerse. El error hay que pararlo en cuanto se descubre, para limitar el daño.

No vivir a prisa

El saber repartir las cosas es saberlas gozar. A muchos les sobra la vida y se les acaba la felicidad. Malogran los contentos, que no los gozan, y querrían después volver atrás, cuando se hallan tan adelante. Postillones del vivir, que a más del común correr del tiempo, añaden ellos su atropellamiento genial. Querrían devorar en un día lo que apenas podrán digerir en toda la vida. Viven adelantados en las felicidades, cómense los años por venir y, como van con tanta prisa, acaban presto con todo. Aun en el querer saber ha de haber modo para no saber las cosas mal sabidas. Son más los días que las dichas: en el gozar, a espacio; en el obrar, a prisa. Las hazañas bien están, hechas; los contentos, mal, acabados.

Hay más vida que felicidad, tratemos de repartirla: no dejar de disfrutar lo de hoy por ya querer estar en lo de mañana. Es mejor cuando le damos su momento a cada cosa, conscientes de que no va a regresar. Vivir siempre adelantado es sacrificar el gozo a la voracidad. Ni siquiera en el conocimiento hay que precipitarse, que las cosas pueden aprenderse chuecas. Al que todo lo consume rápido, todo se le acaba rápido.

Tener qué desear

Para no ser felizmente desdichado. Respira el cuerpo y anhela el espíritu. Si todo fuere posesión, todo será desengaño y descontento. Aun en el entendimiento siempre ha de quedar qué saber, en qué se cebe la curiosidad. La esperanza alienta: los hartazgos de felicidad son mortales. En el premiar es destreza nunca satisfacer. Si nada hay qué desear, todo es de temer: dicha desdichada; donde acaba el deseo, comienza el temor.

Procuremos no agotar el catálogo de nuestros intereses: dejar algo por conocer, por entender, por intentar, cualquier cosa que le dé propósito a nuestro día de mañana. Cuando lo hemos obtenido todo, sólo nos queda el temor de irlo perdiendo todo. El placer no está sólo en la satisfacción, también en el apetito.

Saber un poco más y vivir un poco menos

Otros discurren al contrario. Más vale el buen ocio que el negocio. No tenemos cosa nuestra sino el tiempo. ¿Dónde vive quien no tiene lugar? Igual infelicidad es gastar la preciosa vida en tareas mecánicas que en demasía de las sublimes; ni se ha de cargar de ocupaciones, ni de envidia: es atropellar el vivir y ahogar el ánimo. Algunos lo extienden al saber, pero no se vive si no se sabe.

Nada vale más que el tiempo, así que lo que más importa es lo que hagamos con él. La medida de la mezcla debe ser el equilibrio, cada quien tiene que descubrir cuál es el suyo. Lo único que no se debe limitar es el conocimiento.

Del momento

Toda actividad humana tiene lugar en el tiempo. Un tiempo que la condiciona y que debemos aprender a controlar, un tiempo que se consume con cada segundo que pasa. Cada iniciativa requiere una cuota de tiempo para realizarse. Lo que no se hace en su momento puede no llegar a hacerse nunca, o dejar de cumplir su propósito. El tiempo rige los procesos de transformación y encuadra el impacto de sus consecuencias: por una parte determina la mecánica de lo que hacemos y por otra el efecto que pueda tener el que lo hayamos hecho.

Gracián fue un perfeccionista, de modo que insiste de manera constante en que debemos dedicarle a cada cosa el tiempo que requiere para llegar a su plenitud: lo bien hecho no se logra en un instante, exige diligencia y laboriosidad. Pero su pensamiento es más revelador cuando se ocupa de estudiar el momento, el difícil arte de la ocasión oportuna: todo tiene un momento propicio para emprenderse y ése es el momento en que debemos actuar. Algunas situaciones nos exigen que sea de inmediato, otras nos obligan a esperar. Por un lado se nos pide audacia, por el otro paciencia. Cuándo procede una y cuándo la otra no siempre resulta fácil de determinar. Hay también momentos únicos que requieren respuestas únicas: oportunidades que no van a repetirse, crisis que no son como ninguna otra, problemas que no sólo reclaman astucia sino también carácter.

Aprender a manejar el tiempo pasa por entender que el presente condiciona el futuro, conviene verlo como un continuo en el que los eventos se conectan unos con otros en multitud de formas. Por eso cada proceso tiene que seguir el orden que le resulta más favorable, la secuencia señalada para su realización. Siempre será importante preparar el terreno, anticipar lo imprevisto, renovarse constantemente; y aceptar que todo en este mundo habrá de llegar a su fin.

Pensar anticipado

Hoy para mañana y aun para muchos días. La mayor providencia es tener horas de ella; para prevenidos no hay acasos, ni para apercibidos aprietos. No se ha de aguardar el discurrir para el ahogo, y ha de ir de antemano; prevenga con la madurez del reconsejo el punto más crudo. Es la almohada sibila muda, y el dormir sobre los puntos vale más que el desvelarse debajo de ellos. Algunos obran, y después piensan: aquello más es buscar excusas que consecuencias. Otros, ni antes ni después. Toda la vida ha de ser pensar para acertar el rumbo: el reconsejo y providencia dan arbitrio de vivir anticipado.

Lo que pensamos con tiempo incide sobre lo que habrá de suceder, lo que pensamos después sólo sirve como autopsia del fracaso. No se trata de vivir angustiados por lo que pueda ocurrir, sino de tratar de adelantarse a los sucesos para controlarlos. Reflexionar con tiempo y prepararse para lo que viene es la única manera de darle un curso claro a nuestra vida.

Haga al principio el cuerdo lo que el necio al fin

Lo mismo obra el uno que el otro; sólo se diferencian en los tiempos: aquél en su sazón y éste sin ella. El que se calzó al principio el entendimiento al revés, en todo lo demás prosigue de ese modo: lleva entre pies lo que había de poner sobre su cabeza; hace siniestra de la diestra, y así es tan zurdo en todo su proceder. Sólo hay un buen caer en la cuenta. Hacen por fuerza lo que pudieran de grado; pero el discreto luego ve lo que se ha de hacer, tarde o temprano, y ejecútalo con gusto y con reputación.

Vale más no darle vueltas a lo inevitable. La apatía sólo multiplica las complicaciones. Lo que en su momento pudo haberse resuelto en condiciones favorables reclamará trabajo y recursos adicionales cuando se deja crecer. Siempre será más efectivo actuar con oportunidad y por iniciativa propia que hacerlo presionados por las circunstancias.

No comenzar a vivir por donde
se ha de acabar

Algunos toman el descanso al principio y dejan la fatiga para el fin. Primero ha de ser lo esencial, y después, si quedare lugar, lo accesorio. Quieren otros triunfar antes de pelear. Algunos comienzan a saber por lo que menos importa, y los estudios de crédito y utilidad dejan para cuando se les acaba el vivir. No ha comenzado a hacer fortuna el otro cuando ya se desvanece. Es esencial el método para saber y poder vivir.

Para que las cosas resulten hay que emprenderlas en orden. Muchos propósitos fracasan por querer saltarse pasos, ahorrarse esfuerzos, llegar directo a la satisfacción sin pasar por el esfuerzo. Puede quedar un espacio para el modo personal, pero también hay principios que no deben violentarse. Cada quien debe pulir su método, más que suponer que puede prescindir de tener alguno.

Seguir los alcances

Todo se les va a algunos en comenzar, y nada acaban. Intentan, pero no prosiguen: inestabilidad de genio. Nunca consiguen alabanza, porque nada prosiguen; todo para en parar. Si bien nace en otros de impaciencia de ánimo, tacha de españoles, así como la paciencia es ventaja de los belgas. Estos acaban las cosas, aquéllos acaban con ellas: hasta vencer la dificultad sudan, y conténtanse con el vencer; no saben llevar al cabo la victoria; prueban que pueden, mas no quieren. Pero siempre es defecto, de imposibilidad o liviandad. Si la obra es buena, ¿por qué no se acaba?; y si mala, ¿por qué se comenzó? Mate, pues, el sagaz la caza, no se le vaya todo en levantarla.

Las cosas no son nada hasta que se terminan, muchos proyectos a medias no suman uno completo. Dejar las cosas sin acabar es trabajar de balde, nada gana nuestro esfuerzo cuando nada concluye. Desde que se comienza a hacer algo es mejor tener clara la ruta que conduce a su realización, si no es mejor ni empezarlo. Hay a quienes pierde la impaciencia: ya quieren estar en lo que sigue. Otros sólo se empeñan para demostrar que pueden y en cuanto creen que lo consiguen les deja de interesar. Conviene matar a la presa, no sólo alborotarla.

Hombre de buen dejo

En casa de la fortuna, si se entra por la puerta del placer, se sale por la del pesar, y al contrario. Atención, pues, al acabar, poniendo más cuidado en la felicidad de la salida que en el aplauso de la entrada. Desaire común es de afortunados tener muy favorables los principios y muy trágicos los fines. No está el punto en el vulgar aplauso de una entrada, que esas todos las tienen plausibles; pero sí en el general sentimiento de una salida, que son raros los deseados. Pocas veces acompaña la dicha a los que salen: lo que se muestra de cumplida con los que vienen, de descortés con los que van.

Casi todos gustan cuando llegan: tienen de su lado el beneficio de la duda y la lealtad inmediata del interés. Son muy pocos, en cambio, los que siguen siendo queridos cuando se van, porque los resultados se juzgan con mayor severidad que las promesas y la gente deja de estar motivada por el provecho propio. El verdadero desafío no es que nos adulen cuando llegamos, sino que nos extrañen cuando nos hayamos ido.

Prevenirse en la fortuna próspera para la adversa

Arbitrio es hacer en el estío la provisión para el invierno, y con más comodidad. Van baratos entonces los favores, hay abundancia de amistades. Bueno es conservar para el mal tiempo, que es la adversidad cara, y falta de todo. Haya retén de amigos y de agradecidos, que algún día hará aprecio de lo que ahora no hace caso. La villanía nunca tiene amigos: en la prosperidad porque los desconoce, en la adversidad la desconocen a ella.

Hay que prepararse en la abundancia para la necesidad. Todo es más barato cuando sobra. Conviene cuidar a los amigos y a los agradecidos, llegará el momento en que nos hagan falta. Los egoístas siempre están solos: cuando tienen porque desconocen y cuando les falta porque los desconocen a ellos.

Más seguros son los pensados

Harto presto, si bien. Lo que luego se hace, luego se deshace; mas lo que ha de durar una eternidad, ha de tardar otra en hacerse. No se atiende sino a la perfección y sólo el acierto permanece. Entendimiento con fondos logra eternidades. Lo que mucho vale, mucho cuesta, que aun el más precioso de los metales es el más tardo y más grave.

Aunque haya tardado en hacerse, lo difícil se hizo rápido cuando se hace bien. Si se quiere que algo dure, no se puede hacer con prisas: lo que se hace fácil se deshace fácil. A la habilidad debe sumarse la dedicación. Sólo lo impecable permanece.

Hombre de espera

Arguye gran corazón, con ensanches de sufrimiento. Nunca apresurarse ni apasionarse. Sea uno primero señor de sí, y lo será después de los otros. Hase de caminar por los espacios del tiempo al centro de la ocasión. La detención prudente sazona los aciertos y madura los secretos. La muleta del tiempo es más obradora que la acerada clava de Hércules. El mismo Dios no castiga con bastón, sino con sazón. Gran decir: «el tiempo y yo, a otros dos». La misma fortuna premia el esperar con la grandeza del galardón.

No sólo se requiere paciencia para hacer las cosas, también para esperar su ocasión propicia y dejar que pase el tiempo requerido para que logren su plenitud. Sucede igual con nosotros: no vamos a hacernos en un día. Esperar no significa no hacer nada, es aguardar el momento y permitir la maduración.

Lo fácil se ha de emprender como dificultoso y lo dificultoso como fácil

Allí porque la confianza no descuide, aquí porque la desconfianza no desmaye. No es menester más para que no se haga la cosa que darla por hecha; y, al contrario, la diligencia allana la imposibilidad. Los grandes empeños aun no se han de pensar, basta ofrecerse, porque la dificultad, advertida, no ocasione el reparo.

Hay proyectos que fracasan porque parecen tan simples que los damos por hechos, otros lucen tan complicados que nunca nos atrevemos a emprenderlos. Nada debe darse por seguro hasta que esté concluido, nada debe considerarse imposible hasta que lo hayamos intentado. Algunas veces lo mejor es no pensar demasiado.

Diligente e inteligente

La diligencia ejecuta presto lo que la inteligencia prolijamente piensa. Es pasión de necios la prisa, que, como no descubren el tope, obran sin reparo. Al contrario, los sabios suelen pecar de detenidos, que del advertir nace el reparar. Malogra tal vez la ineficacia de la remisión lo acertado del dictamen. La presteza es madre de la dicha. Obró mucho el que nada dejó para mañana. Augusta empresa, correr a espacio.

Calma para decidir y prontitud para ejecutar. Tan malo es aventarse a lo impulsivo como darle vueltas a las intenciones indefinidamente. Cuando las ideas llegaron a su punto, lo mejor es llevarlas a la práctica enseguida. Muchas cosas no se hicieron nunca porque se dejaron para después.

Conocer el día aciago, que los hay

Nada saldrá bien; y, aunque se varíe el juego, pero no la mala suerte. A dos lances convendrá conocerla y retirarse, advirtiendo si está de día o no lo está. Hasta en el entendimiento hay vez, que ninguno supo a todas horas. Es ventura acertar a discurrir, como el escribir bien una carta. Todas las perfecciones dependen de sazón, ni siempre la belleza está de vez; desmiéntese la discreción a sí misma, ya cediendo, ya excediéndose; y todo para salir bien ha de estar de día. Así como en unos todo sale mal, en otros todo bien y con menos diligencias. Todo se lo halla uno hecho, el ingenio está de vez, el genio de temple, y todo de estrella. Entonces conviene lograrla y no desperdiciar la menor partícula. Pero el varón juicioso no por un azar que vio sentencie definitivamente de malo, ni al contrario, de bueno, que pudo ser aquello desazón y esto ventura.

Hay días en los que no sale nada, otros en los que sale todo. No siempre resulta fácil distinguirlos, porque algunos sólo lo parecen y pueden cambiar de signo con un poco de dedicación. Cuando el día no está de modo es mejor descansar y ocuparse en cosas ligeras; cuando lo está debemos aplicarnos al máximo y sacarle el mayor provecho posible.

Hacer obligación antes de lo que había de ser premio después

Es destreza de grandes políticos. Favores antes de méritos son prueba de hombres de obligación. El favor así anticipado tiene dos eminencias: que con lo pronto del que da obliga más al que recibe. Un mismo don, si después es deuda, antes es empeño. Sutil modo de transformar obligaciones, que la que había de estar en el superior, para premiar, recae en el obligado, para satisfacer. Esto se entiende con gente de obligaciones, que para hombres viles más sería poner freno que espuela, anticipando la paga del honor.

Dar confianza por adelantado puede motivar a la realización. De ese modo se compromete más a quienes la reciben: ahora tienen que cumplir mejor para corresponder el gesto. Se trata de un recurso delicado, que sólo debe intentarse con quienes han dado muestras de responsabilidad.

Saber empeñar los dependientes

Un empeño en su ocasión hizo personas a muchos, así como un ahogo saca nadadores. De esta suerte descubrieron muchos el valor, y aun el saber, que quedara sepultado en su encogimiento si no se hubiera ofrecido la ocasión. Son los aprietos lances de reputación, y puesto el noble en contingencias de honra, obra por mil. Supo con eminencia esta lección de empeñar la católica reina Isabela, así como todas las demás; y a este político favor debió el Gran Capitán su renombre, y otros muchos su eterna fama: hizo grandes hombres con esta sutileza.

Nadie puede conocer su verdadero temple hasta que una situación apremiante lo compele a la acción. Es entonces cuando se revela la extensión de las capacidades. Muchos héroes nacen de la contingencia. Es gran intuición de los que mandan descubrir de esta manera a los que pueden responder.

Tener buenos repentes

Nacen de una prontitud feliz. No hay aprietos ni acasos para ella, en fe de su vivacidad y despejo. Piensan mucho algunos para errarlo todo después, y otros lo aciertan todo sin pensarlo antes. Hay caudales de antiperístasis, que, empeñados, obran mejor: suelen ser monstruos que de pronto todo lo aciertan, y todo lo yerran de pensado; lo que no se les ofrece luego, nunca, ni hay que apelar a después. Son plausibles los prestos, porque arguyen prodigiosa capacidad: en los conceptos, sutileza; en las obras, cordura.

Hay quienes son buenos para lo imprevisto. Otros se lo piensan mucho para luego hacerlo todo mal. Son muy apreciados los que saben superar las emergencias, más cuando su agilidad para la acción se acompaña con la perspicacia y con la sensatez.

Excelencia de primero

Y si con eminencia, doblada. Gran ventaja jugar de mano, que gana en igualdad. Hubieran muchos sido Fénix en los empleos a no irles otros delante. Álzanse los primeros con el mayorazgo de la fama, y quedan para los segundos pleiteados alimentos; por más que suden, no pueden purgar el vulgar achaque de imitación. Sutileza fue de prodigiosos inventar rumbo nuevo para las eminencias, con tal que asegure primero la cordura los empeños. Con la novedad de los asuntos se hicieron lugar los sabios en la matrícula de los heroicos. Quieren algunos más ser primeros en segunda categoría que ser segundos en la primera.

El que se adelanta gana. La fama sólo corresponde a los primeros, los demás siempre tendrán la tacha de la imitación. Mucho de lo grande es que sea nuevo, mientras no sea un despropósito, que también se puede ser primero en el ridículo. Hay quienes prefieren destacar en segundas categorías que ser parte del montón en las primeras.

Nunca por tema seguir el peor partido porque el contrario se adelantó y escogió el mejor

Ya comienza vencido, y así será preciso ceder desairado: nunca se vengará bien con el mal. Fue astucia del contrario anticiparse a lo mejor, y necedad suya oponérsele tarde con lo peor. Son estos porfiados de obra más empeñados que los de palabra, cuanto va más riesgo del hacer al decir. Vulgaridad de temáticos, no reparar en la verdad, por contradecir, ni en la utilidad, por litigar. El atento siempre está de parte de la razón, no de la pasión, o anticipándose antes o mejorándose después; que si es necio el contrario, por el mismo caso mudará de rumbo, pasándose a la contraria parte, con que empeorará de partido. Para echarle de lo mejor es único remedio abrazar lo propio, que su necedad le hará dejarlo y su tema le será despeño.

Hay quienes se ponen del lado del error sólo porque alguien más se les adelantó en el acierto. Poco les importa la verdad, con tal de seguir discutiendo; poco les importa el beneficio, con tal de continuar el pleito. Los sensatos siempre están de parte de la cordura, o porque se anticiparon o porque se corrigieron. Lo mejor es mantener la línea, el tiempo acabará por darnos la razón.

Válgase de su novedad

Que mientras fuere nuevo, será estimado. Aplace la novedad, por la variedad, universalmente; refréscase el gusto y estímase más una medianía flamante que un extremo acostumbrado. Rózanse las eminencias, y viénense a envejecer; y advierta que durará poco esa gloria de novedad: a cuatro días le perderán el respeto. Sepa, pues, valerse de esas primicias de la estimación y saque en la fuga del agradar todo lo que pudiera pretender; porque si se pasa el calor de lo reciente, resfriaráse la pasión y trocarse ha el agrado de nuevo en enfado de acostumbrado; y crea que todo tuvo también su vez, y que pasó.

El encanto de lo nuevo es único, y se desgasta rápido. Podemos prolongarlo por medio de la variedad, pero de uno u otro modo acabará por agotarse. Hay que aprovechar ese momento de mayor atractivo para conseguir lo que queremos, entendidos de que no puede durar.

No aguardar a ser sol que se pone

Máxima es de cuerdos dejar las cosas antes que los dejen. Sepa uno hacer triunfo del mismo fenecer; que tal vez el mismo sol, a buen lucir, suele retirarse a una nube porque no le vean caer, y deja en suspensión de si se puso o no se puso. Hurte el cuerpo a los ocasos para no reventar de desaires; no aguarde a que le vuelvan las espaldas, que le sepultarán vivo para el sentimiento, y muerto para la estimación. Jubila con tiempo el advertido al corredor caballo, y no aguarda a que, cayendo, levante la risa en medio la carrera. Rompa el espejo con tiempo y con astucia la belleza, y no con impaciencia después al ver su desengaño.

Todo decae y se muere. Ni la lucidez, ni el vigor, ni la belleza pueden durar para siempre. Es inútil ir en contra de lo inevitable, lo que queda es salirle al paso y tratar de consumarlo en nuestros propios términos.

Del juicio

Los diversos hilos del pensamiento de Gracián convergen en un nudo que se ciñe en torno a la centralidad de la razón. Sus máximas nos conminan una y otra vez a contener los impulsos, a dejar de lado las emociones, a cuidarnos de las apariencias, para que cada uno de nuestros actos se base hasta donde es posible en los más estrictos criterios de objetividad. Todo lo visto hasta este punto habrá de ponerse en juego en el proceso más determinante para lograr lo que nos proponemos: decidir lo que conviene hacer.

Lo primero que se necesita para propiciar un juicio adecuado es percibir la realidad de la manera más clara posible. Algo que nunca es fácil y que se complica otro tanto por la multitud de intereses empeñados siempre en deformarla para su conveniencia. La tarea de valorar con ecuanimidad tiene que considerar también que el instrumento encargado de hacerlo, nosotros mismos, nunca será por entero impasible o neutral. Aunque nos propongamos razonar con método, debemos asumir que nuestra razón no puede actuar en estado puro, porque no somos seres de pura razón: los apegos, los impulsos y las intuiciones habrán de intervenir inevitablemente, es mejor considerarlas desde un principio como parte de la fórmula. Conocer nuestros sesgos y aprender a compensarlos es un elemento indispensable para la correcta deliberación.

La mejor manera de resolver un problema es no dejar que suceda. Algunos descalabros se nos imponen, la mayoría los propicia nuestra propia incapacidad. También son muchas las oportunidades que dejamos pasar porque no las supimos percibir a tiempo. El grado más elevado del juicio es el que hace posible la anticipación, para lo cual no es suficiente la inteligencia, también es necesaria la sensibilidad. Hacer de nuestra vida lo que deseamos pasa por desarrollar el abanico completo de nuestras capacidades y aprender a ponerlas en concordancia con todo lo que nos rodea.

Hacer concepto

Y más de lo que importa más. No pensando se pierden todos los necios: nunca conciben en las cosas la mitad; y como no perciben el daño, o la conveniencia, tampoco aplican la diligencia. Hacen algunos mucho caso de lo que importa poco, y poco de lo que mucho, ponderando siempre al revés. Muchos, por faltos de sentido, no le pierden. Cosas hay que se deberían observar con todo el conato y conservar en la profundidad de la mente. Hace concepto el sabio de todo, aunque con distinción cava donde hay fondo y reparo; y piensa tal vez que hay más de lo que piensa, de suerte que llega la reflexión a donde no llegó la aprehensión.

Cada cosa que hacemos o dejamos de hacer debe partir de la reflexión, sobre todo los asuntos de mayor importancia. La forma como interpretamos la realidad determina en gran medida las consecuencias de nuestros actos. Pensar implica discriminar, ponderar, jerarquizar, retener en la memoria para que lo pensado se convierta en experiencia. También asumir por principio que siempre puede haber algo que se nos escapa, algo que aunque aún no conozcamos debe anticipar la cautela.

Atención al informarse

Vívese lo más de información. Es lo menos lo que vemos; vivimos de fe ajena. Es el oído la puerta segunda de la verdad y principal de la mentira. La verdad ordinariamente se ve, extravagantemente se oye; raras veces llega en su elemento puro, y menos cuando viene de lejos; siempre trae algo de mixta, de los afectos por donde pasa; tiñe de sus colores la pasión cuanto toca, ya odiosa, ya favorable. Tira siempre a impresionar: gran cuenta con quien alaba, mayor con quien vitupera. Es menester toda la atención en este punto para descubrir la intención en el que tercia, conociendo de antemano de qué pie se movió. Sea la reflexa contraste de lo falto y de lo falso.

No podemos estar en todo para verlo todo; nuestra percepción de la mayoría de las cosas pasa inevitablemente por los demás. La verdad se va alterando de muchas formas a lo largo de ese tránsito por las personas (y por los medios), cada una de las cuales le pone o le quita, deliberadamente o no. Nada debe recibirse sin tomar en cuenta por dónde pasó y ajustarse en función de su procedencia.

Moderarse en el sentir

Cada uno hace concepto según su conveniencia y abunda de razones en su aprehensión. Cede en los más el dictamen al afecto. Acontece el encontrarse dos contradictoriamente y cada uno presume de su parte la razón; mas ella, fiel, nunca supo hacer dos caras. Proceda el sabio con reflexa en tan delicado punto; y así el recelo propio reformará la calificación del proceder ajeno. Póngase tal vez de la otra parte; examínele al contrario los motivos. Con esto, ni le condenará a él, ni se justificará a sí tan a lo desalumbrado.

Es muy fácil que nos engañemos a nosotros mismos, movidos por las emociones. Ese mismo escepticismo que conviene dirigir a los demás debe cuestionar con similar exigencia nuestros propios argumentos y motivaciones. No debemos descartar sin reflexión lo que no coincide con nuestras ideas: la oposición puede servir para confirmarlas, para corregirlas o para desarrollarlas. Hay que temerle menos a la discrepancia que a la ceguera.

Echar al aire algunas cosas

Para examinar la aceptación, un ver cómo se reciben, y más las sospechosas de acierto y de agrado. Asegúrase el salir bien, y queda lugar o para el empeño o para el retiro. Tantéanse las voluntades de esta suerte, y sabe el atento dónde tiene los pies: prevención máxima del pedir, del querer y del gobernar.

En asuntos delicados o inciertos, vale más tantear el terreno antes de comprometerse o actuar. Someter a prueba nuestros supuestos nos ayuda a decidir la conveniencia de seguir o parar. Con ello descubrimos la posición de los demás y vemos con mayor claridad la nuestra. Importante previsión para los favores, los afectos y la autoridad.

No ser de primera impresión

Cásanse algunos con la primera información, de suerte que las demás son concubinas, y como se adelanta siempre la mentira, no queda lugar después para la verdad. Ni la voluntad con el primer objeto, ni el entendimiento con la primera proposición se han de llenar, que es cortedad de fondo. Tienen algunos la capacidad de vasija nueva, que el primer olor la ocupa, tanto del mal licor como del bueno. Cuando esta cortedad llega a conocida, es perniciosa, que da pie a la maliciosa industria. Previénense los malintencionados a teñir de su color la credulidad. Quede siempre lugar a la revista: guarde Alejandro la otra oreja para la otra parte. Quede lugar para la segunda y tercera información. Arguye incapacidad el impresionarse, y está cerca del apasionarse.

Hay que tener cuidado con las primeras impresiones y con las primeras noticias, que como definen de entrada cualquier situación, se convierten en referencia para todo lo que llega más tarde. Por eso son tantos los que corren a ocupar ese primer espacio, ya sea para informar (su versión de los hechos), para opinar o para vendernos algo: su prisa ya nos dice mucho sobre sus intenciones. Conviene escuchar al primero con tanta atención como al último y examinar sus razones con idéntico criterio de objetividad.

No se le lleve el último

Hay hombres de última información, que va por extremos la impertinencia. Tienen el sentir y el querer de cera. El último sella y borra los demás. Éstos nunca están ganados, porque con la misma facilidad se pierden. Cada uno los tiñe de su color. Son malos para confidentes, niños de toda la vida; y así, con variedad en los juicios y afectos, andan fluctuando, siempre cojos de voluntad y de juicio, inclinándose a una y a otra parte.

Hay personas que se casan siempre con lo último que escuchan. Cada nuevo argumento desplaza de inmediato al anterior. De esta gente no se puede nunca estar seguro: con la misma facilidad con que los convencimos van a dejarse convencer por cualquiera. No son buenos para la confianza ni para la confidencia, porque siempre van de un lado al otro.

Creer al corazón

Y más cuando es de prueba. Nunca le desmienta, que suele ser pronóstico de lo que más importa: oráculo casero.
Perecieron muchos de lo que se temían; mas ¿de qué sirvió
el temerlo sin el remediarlo? Tienen algunos muy leal el
corazón, ventaja del superior natural, que siempre los previene, y toca a infelicidad para el remedio. No es cordura
salir a recibir los males, pero sí el salirles al encuentro para
vencerlos.

Hay que mantenerse alertas a los avisos de la intuición. Escuchar las emociones y atender a las premoniciones, considerarlas
y actuar, que si no de nada sirven. La razón debe ayudarse de
todas nuestras demás capacidades.

No rendirse a un vulgar humor

Hombre grande el que nunca se sujeta a peregrinas impresiones. Es lección de advertencia la reflexión sobre sí: un conocer su disposición actual y prevenirla, y aun decantarse al otro extremo para hallar, entre el natural y el arte, el fiel de la sindéresis. Principio es de corregirse el conocerse; que hay monstruos de la impertinencia: siempre están de algún humor y varían afectos con ellos; y arrastrados eternamente de esta destemplanza civil, contradictoriamente se empeñan. Y no sólo gasta la voluntad este exceso, sino que se atreve al juicio, alterando el querer y el entender.

Nuestros humores fluctúan y con ellos nuestra percepción de la realidad. Nunca hay que dejarse llevar por los primeros impulsos, más bien hay que ponerlos a prueba. Es esencial conocernos para saber en dónde están nuestros sesgos y en qué clase de circunstancias se manifiestan. Las pasiones no sólo mueven a la acción intempestiva, también enturbian nuestra capacidad de juicio.

Obrar siempre sin escrúpulos de imprudencia

La sospecha de desacierto en el que ejecuta es evidencia ya en el que mira, y más si fuere émulo. Si ya al calor de la pasión escrupulea el dictamen, condenará después desapasionado a necedad declarada. Son peligrosas las acciones en duda de prudencia; más segura sería la omisión. No admite probabilidades la cordura: siempre camina al mediodía de la luz de la razón. ¿Cómo puede salir bien una empresa que, aun concebida, la está ya condenando el recelo? Y si la resolución más graduada con el *nemine discrepante* interior suele salir infelizmente, ¿qué aguarda la que comenzó titubeando en la razón y mal agorada del dictamen?

Si hasta lo que parecía seguro llega a salir mal, con mayor razón lo que ya nos transmitía alguna señal de alarma. Siempre lo verán más claro los demás, sobre todo nuestros enemigos. Deseamos tanto algunas cosas que nos negamos a reconocer todo aquello que nos dice que no van a funcionar. Escuchemos esa voz de la cautela: lo que no nos pinta bien desde el principio es mejor suspenderlo.

Huir los empeños

Es de los primeros asuntos de la prudencia. En las grandes capacidades siempre hay grandes distancias hasta los últimos trances: hay mucho que andar de un extremo a otro, y ellos siempre se están en el medio de su cordura; llegan tarde al rompimiento, que es más fácil hurtarle el cuerpo a la ocasión que salir bien de ella. Son tentaciones de juicio, más seguro el huirlas que el vencerlas. Trae un empeño otro mayor, y está muy al canto del despeño. Hay hombres ocasionados por genio, y aun por nación, fáciles de meterse en obligaciones; pero el que camina a la luz de la razón siempre va muy sobre el caso: estima por más valor el no empeñarse que el vencer, y ya que haya un necio ocasionado, excusa que con él no sean dos.

Siempre será más fácil entrar que salir de obligaciones y pleitos. Sólo hay que enfrascarse en los inevitables. Todo luce mejor a la distancia y lo que parecía sencillo desde fuera revela sus dificultades cuando ya estamos adentro y no nos podemos zafar. Peor que entrar a lo impulsivo en lo que no nos conviene es hacerlo por seguir a los demás.

No empeñarse con quien no tiene qué perder

Es reñir con desigualdad. Entra el otro con desembarazo porque trae hasta la vergüenza perdida; remató con todo, no tiene más que perder, y así se arroja a toda impertinencia. Nunca se ha de exponer a tan cruel riesgo la inestimable reputación; costó muchos años de ganar, y viene a perderse en un punto de un puntillo: hiela un desaire mucho lucido sudor. Al hombre de obligaciones hácele reparar el tener mucho que perder. Mirando por su crédito, mira por el contrario, y como se empeña con atención, procede con tal detención, que da tiempo a la prudencia para retirarse con tiempo y poner en cobro el crédito. Ni con el vencimiento se llegará a ganar lo que se perdió ya con el exponerse a perder.

La gente se atreve a más cuando compromete menos y a casi todo cuando está movida por la desesperación. Es muy fácil arruinar en un momento de imprudencia la reputación que llevó tantos años construir. Antes de hacer algo con quien sea, conviene estudiar sus circunstancias y sus motivaciones, con la puerta siempre abierta para la retirada. Ni ganando se compensa lo que se arriesga en caso de perder.

No despreciar el mal por poco

Que nunca viene uno solo. Andan encadenados, así como las felicidades. Van la dicha y la desdicha de ordinario a donde más hay; y es que todos huyen del desdichado y se arriman al venturoso. Hasta las palomas, con toda su sencillez, acuden al homenaje más blanco. Todo le viene a faltar a un desdichado: él mismo a sí mismo, el discurso y el conorte. No se ha de despertar la desdicha cuando duerme. Poco es un deslizar, pero síguese aquel fatal despeño, sin saber dónde se vendrá a parar, que así como ningún bien fue del todo cumplido, así ningún mal del todo acabado. Para el que viene del cielo es la paciencia; para el que del suelo, la prudencia.

Muchas grandes calamidades empiezan por insignificancias, que se juntan con otras y se salen de control. No sólo hay que ver lo malo por lo que es, sino por lo que puede llegar a convertirse. Nunca hay que picar el peligro por frivolidad, ni moverle a las desgracias por complacencia, que pueden parecer acabados pero acaso sólo estén dormidos.

Buen entendedor

Arte era de artes saber discurrir: ya no basta, menester es adivinar, y más en desengaños. No puede ser entendido el que no fuere buen entendedor. Hay zahoríes del corazón y linces de las intenciones. Las verdades que más nos importan vienen siempre a medio decir; recíbanse del atento a todo entender: en lo favorable, tirante la rienda a la credulidad; en lo odioso, picarla.

Lo que oímos rara vez equivale a lo que debemos entender: el faltante debe suplirlo la atención, la inteligencia y la sensibilidad. Para comprender a fondo, hay que abrir la percepción en todos los sentidos: siempre más suspicaces de lo bueno que de lo malo, para no arrepentirnos después.

Atención al que llega de segunda intención

Es ardid del hombre negociante descuidar la voluntad para acometerla, que es vencida en siendo convencida. Disimulan el intento para conseguirlo y pónese segundo para que en la ejecución sea primero: asegúrase el tiro en lo inadvertido. Pero no duerma la atención cuando tan desvelada la intención, y si ésta se hace segunda para el disimulo, aquella primera para el conocimiento. Advierta la cautela el artificio con que llega y nótele las puntas que va echando para venir a parar al punto de su pretensión. Propone uno y pretende otro, y revuelven con sutileza a dar en el blanco de su intención. Sepa, pues, lo que le concede, y tal vez convendrá dar a entender que ha entendido.

Quienes quieren algo de nosotros van a cultivar nuestra confianza para hacernos bajar la guardia. Dicen una cosa, pero buscan otra. Por eso hay que mirar con suspicacia a quienes parecen demasiado amables, demasiado deferentes, demasiado generosos; es mejor que vean que estamos atentos y que no nos vamos a dejar sorprender.

Diferenciar el hombre de palabras del de obras

Es única precisión, así como la del amigo, de la persona, o del empleo, que son muy diferentes. Malo es, no teniendo palabra buena, no tener obra mala; peor, no teniendo palabra mala, no tener obra buena. Ya no se come de palabras, que son viento, ni se vive de cortesías, que es un cortés engaño. Cazar las aves con luz es el verdadero encandilar. Los desvanecidos se pagan del viento; las palabras han de ser prendas de las obras, y así han de tener el valor. Los árboles que no dan fruto, sino hojas, no suelen tener corazón. Conviene conocerlos, unos para provecho, otros para sombra.

Son los hechos los que definen el verdadero talante de las personas, así como sus intenciones. Hay quienes hablan tan bien que son capaces de poner en duda las verdades que los contradicen. Debemos comparar dichos con hechos y medir a cada uno por lo que resulte. Conocer a las personas en la práctica, para saber realmente lo que podemos esperar de ellas.

Comprensión de los genios con quien trata

Para conocer los intentos. Conocida bien la causa, se conoce el efecto, antes en ella y después en su motivo. El melancólico siempre agüera infelicidades, y el maldiciente culpas: todo lo peor se les ofrece, y no percibiendo el bien presente, anuncian el posible mal. El apasionado siempre habla con otro lenguaje diferente de lo que las cosas son; habla en él la pasión, no la razón. Y cada uno, según su afecto o su humor. Y todos muy lejos de la verdad. Sepa descifrar un semblante y deletrear el alma en las señales. Conozca al que siempre ríe por falto y al que nunca por falso. Recátese del preguntador, o por fácil, o por notante. Espere poco bueno del de mal gesto, que suelen vengarse de la naturaleza éstos, y así como ella los honró poco a ellos, la honran poco a ella. Tanta suele ser la necedad cuanta fuere la hermosura.

Las cosas hay que tomarlas según de donde vienen y para ello es necesario estudiar a los demás. Todos tenemos algún sesgo, o varios. Es más fácil que atinemos cuando conocemos las deformaciones de cada uno e interpretamos lo que nos dicen a partir de la correspondiente rectificación.

No ser todo columbino

Altérnense la calidez de la serpiente con la candidez de la paloma. No hay cosa más fácil que engañar a un hombre de bien. Cree mucho el que nunca miente y confía mucho el que nunca engaña. No siempre procede de necio el ser engañado, que tal vez de bueno. Dos géneros de personas previenen mucho los daños: los escarmentados, que es muy a su costa, y los astutos, que es muy a la ajena. Muéstrese tan extremada la sagacidad para el recelo como la astucia para el enredo, y no quiera uno ser tan hombre de bien, que ocasione al otro el serlo de mal. Sea uno mixto de paloma y de serpiente; no monstruo, sino prodigio.

Ni todo candidez, ni todo suspicacia. Los muy buenos creen que los demás lo son, con lo cual no sólo se exponen al abuso, sino que hasta lo propician. Que el recelo sea tan grande como es la malicia. Los escarmentados aprenden en cabeza propia; los astutos, en ajena.

No ser fácil, ni en creer, ni en querer

Conócese la madurez en la espera de la credulidad: es muy ordinario el mentir, sea extraordinario el creer. El que ligeramente se movió hállase después corrido; pero no se ha de dar a entender la duda de la fe ajena, que pasa de descortesía a agravio, porque se le trata al que contesta de engañador o engañado. Y aun no es ése el mayor inconveniente, cuanto que el no creer es indicio del mentir; porque el mentiroso tiene dos males, que ni cree ni es creído. La suspensión del juicio es cuerda en el que oye, y remítase de fe al autor aquel que dice: «También es especie de imprudencia la facilidad en el querer»; que, si se miente con la palabra, también con las cosas, y es más pernicioso este engaño por la obra.

Como es muy fácil mentir, que sea difícil creer; pero con disimulo, para que no se preste a agravio. Es común que el incrédulo pase por mentiroso, porque el que suele mentir tampoco suele creer. Donde no existe certeza conviene reservar el juicio, tanto en los negocios como en los afectos.

No errarle el golpe al gusto

Que es hacer un pesar por un placer. Con lo que piensan obligar algunos, enfadan, por no comprender los genios. Obras hay que para unos son lisonja y para otros ofensa; y el que se creyó servicio fue agravio. Costó a veces más el dar disgusto que hubiera costado el hacer placer. Pierden el agradecimiento y el don porque perdieron el norte del agradar. Si no se sabe el genio ajeno, mal se le podrá satisfacer; de aquí es que algunos pensaron decir un elogio y dijeron un vituperio, que fue bien merecido castigo. Piensan otros entretener con su elocuencia y aporrean el alma con su locuacidad.

Toda intención debe adecuarse a su objetivo, para lo cual lo primero es estudiarlo bien. Si no se conoce a la gente no se le puede agradar, ni complacer. De poco sirve el esfuerzo, o el gasto, cuando falta la sensibilidad; todo puede salirnos al revés. No hay que dejarnos guiar por nuestro propio gusto, sino tratar de descifrar el ajeno.

Conocer los defectos,
por más autorizados que estén

No desconozca la entereza el vicio, aunque se revista de brocado; corónase tal vez de oro, pero no por eso puede disimular el yerro. No pierde la esclavitud de su vileza aunque se desmienta con la nobleza del sujeto; bien pueden estar los vicios realzados, pero no son realces. Ven algunos que aquel héroe tuvo aquel accidente, pero no ven que no fue héroe por aquello. Es tan retórico el ejemplo superior, que aun las fealdades persuade; hasta las del rostro afectó tal vez la lisonja, no advirtiendo que, si en la grandeza se disimulan, en la bajeza se abominan.

La estatura de los grandes no justifica sus vicios. Pueden verse como parte de su condición, pero no son lo que la engrandece. La fama produce espejismos: no conviene perder de vista que lo que se llega a tolerar en los poderosos, en la gente común se abomina.

La mitad del mundo se está riendo de la otra mitad, con necedad de todos

O todo es bueno, o todo es malo, según votos. Lo que éste sigue, el otro persigue. Insufrible necio el que quiere regular todo objeto por su concepto. No dependen las perfecciones de un solo agrado: tantos son los gustos como los rostros, y tan varios. No hay defecto sin afecto, ni se ha de desconfiar porque no agraden las cosas a algunos, que no faltarán otros que las aprecien; ni aun el aplauso de éstos le sea materia al desvanecimiento, que otros lo condenarán. La norma de la verdadera satisfacción es la aprobación de los varones de reputación, y que tienen voto en aquel orden de cosas. No se vive de un voto solo, ni de un uso, ni de un siglo.

Nunca hay que dejarse llevar por los gustos de la mayoría. Lo que hoy se alaba mañana se aborrece y lo que se aplaude aquí se condena allá. Todo tiene sus adeptos y sus malquerientes, que además suelen cambiar de bando. Lo mejor es cultivar nuestro propio criterio y buscar la guía de los que saben, sin tampoco casarse con ninguno.

Librarse de las necedades comunes

Es cordura bien especial. Están muy validas por lo introducido, y algunos, que no se rindieron a la ignorancia particular, no supieron escaparse de la común. Vulgaridad es no estar contento ninguno con su suerte, aun la mayor, ni descontento de su ingenio, aunque el peor. Todos codician, con descontento de la propia, la felicidad ajena. También alaban los de hoy las cosas de ayer, y los de acá las de allende. Todo lo pasado parece mejor, y todo lo distante es más estimado. Tan necio es el que se ríe de todo como el que se pudre de todo.

Hay a quienes sólo les gusta lo que no pueden tener: lo pasado, lo perdido, lo distante y lo ajeno. Nada es nunca suficiente, todo podría ser mejor. Tal vez creen que pasan por exquisitos, cuando sólo se les tiene por pretenciosos. Tan tonto es el que ve todo bien como el que ve todo mal.

Topar luego con lo bueno en cada cosa

Es dicha del buen gusto. Va luego la abeja a la dulzura para el panal, y la víbora a la amargura para el veneno. Así los gustos, unos a lo mejor y otros a lo peor. No hay cosa que no tenga algo bueno, y más si es libro, por lo pensado. Es, pues, tan desgraciado el genio de algunos, que entre mil perfecciones toparán con solo un defecto que hubiere, y ése lo censuran y lo celebran: recogedores de las inmundicias de voluntades y de entendimientos, cargando de notas, de defectos, que es más castigo de su mal delecto que empleo de su sutileza. Pasan mala vida, pues siempre se ceban de amarguras y hacen pasto de imperfecciones. Más feliz es el gusto de otros que, entre mil defectos, toparán luego con una sola perfección que se le cayó a la ventura.

Viven más contentos quienes prefieren concentrarse en el lado luminoso de las cosas. Casi no hay ninguna que no lo tenga. Otros parecen proponerse lo contrario, como si ver la realidad bajo la peor de las luces posibles fuera prueba de rigor intelectual o de refinamiento. La felicidad no sólo depende de las circunstancias, también de la actitud.

De la forma de proceder

El pensamiento es abstracto, la vida sucede en concreto. Todas nuestras consideraciones habrán de ponerse a prueba en el momento crucial de la acción. Una vez superada la línea que separa lo teórico de lo práctico, el resultado de nuestros actos dependerá sobre todo de cómo se ejecutan. Tan importante como la observación y la reflexión es el modo que tenemos de conducirnos, nuestra peculiar manera de realizar las cosas.

Resulta imposible prever todas las contingencias que nos puede deparar el destino, encontrar respuestas específicas para cada una de ellas. Lo más que se puede intentar es definir algunos principios generales que nos ayuden a enfrentar una amplia variedad de situaciones. Dado que tales situaciones siempre habrán de implicar a otras personas, se trata de descifrar en alguna medida el complejo laberinto de la naturaleza humana.

Justo a ello dedicó Gracián muchas de las más agudas observaciones de su *Oráculo manual*, observaciones que se distinguen de otros tratamientos de un tema tan socorrido por su carácter decididamente instrumental: el entendimiento de sus mecanismos profundos se traduce de manera casi automática en los principios fundamentales de sus teoremas tácticos. Para nuestro jesuita, sin embargo, el propósito de conocer la naturaleza humana siempre aparece ligado al objetivo último de triunfar sobre ella, tanto en los demás como en nosotros mismos. En esa medida, la eficacia de la acción no se puede separar por entero de la naturaleza de su objetivo. Mientras Gracián nos indica la forma de lograr lo que nos proponemos, alude todo el tiempo a la necesidad de que tales logros tengan un sentido más amplio que el mero prevalecer sobre un rival. Un sentido que supere nuestras pequeñas aspiraciones ególatras e incida de manera positiva sobre la realidad que compartimos todos. Un sentido que siempre será diferente para cada uno, pero sin el cual nuestro paso por esta tierra no sería otra cosa que una lucha redundante, absurda, estéril y vacía. Ése es el triunfo que realmente cuenta, el que les da su valor verdadero a todos los demás.

La realidad y el modo

No basta la sustancia, requiérese también la circunstancia. Todo lo gasta un mal modo, hasta la justicia y razón. El bueno todo lo suple: dora el *no*, endulza la verdad y afeita la misma vejez. Tiene gran parte en las cosas el cómo, y es tahur de los gustos el modillo. Un *vel portarse* es la gala del vivir, desempeña singularmente todo buen término.

Cosas que parecen hechas se malogran por falta de tacto. Una vez ofendida la gente todo se viene abajo. La cortesía no diluye nuestra autoridad ni socava nuestra firmeza: ayuda a resolver problemas en lo inmediato y genera reservas de buena voluntad para el futuro.

Saber tomar las cosas

Nunca al repelo, aunque vengan. Todas tienen haz y envés. La mejor y más favorable, si se toma por el corte, lastima. Al contrario, la más repugnante defiende, si por la empuñadura. Muchas fueron de pena que, si se consideraran las conveniencias, fueran de contento. En todo hay convenientes e inconvenientes: la destreza está en saber topar con la comodidad. Hace muy diferentes visos una misma cosa si se mira a diferentes luces: mírese por la de la felicidad. No se han de trocar los frenos al bien y al mal. De aquí procede que algunos en todo hallan el contento, y otros el pesar. Gran reparo contra los reveses de la fortuna, y gran regla de vivir para todo tiempo y para todo empleo.

Nuestra actitud incide sobre la realidad y es posible orientarla. Todo se vuelve más favorable cuando lo abordamos por su parte positiva. Hasta lo peor tiene algún lado manejable y aun en lo mejor hay siempre un ángulo que nos puede dañar. Aprender a descubrirlos hace la vida más fácil, sobre todo en la adversidad.

Vivir a la ocasión

El gobernar, el discurrir, todo ha de ser al caso. Querer cuando se puede, que la sazón y el tiempo a nadie aguardan. No vaya por generalidades en el vivir, si ya no fuere en favor de la virtud, ni intime leyes precisas al querer, que habrá de beber mañana del agua que desprecia hoy. Hay algunos tan paradojamente impertinentes, que pretenden que todas las circunstancias del acierto se ajusten a su manía, y no al contrario. Mas el sabio sabe que el norte de la prudencia consiste en portarse a la ocasión.

No es bueno llenarse de ideas y esperar que la vida responda a sus indicaciones. Hasta los más elevados principios se deben aplicar con flexibilidad. También hay que tener en cuenta que nada es irreversible. Lo mejor es enfrentar cada suceso sin prejuicios y ajustar nuestra respuesta a la ocasión. No hay regla más importante que saber adaptarse.

Hacer buena guerra

Puédenle obligar al cuerdo a hacerla, pero no mala. Cada uno ha de obrar como quien es, no como le obligan. Es plausible la galantería en la emulación. Hase de pelear no sólo para vencer en el poder, sino en el modo. Vencer a lo ruin no es victoria, sino rendimiento. Siempre fue superioridad la generosidad. El hombre de bien nunca se vale de armas vedadas, y sonlo las de la amistad acabada para el odio comenzado, que no se ha de valer de la confianza para la venganza; todo lo que huele a traición inficiona el buen nombre. En personajes obligados se extraña más cualquier átomo de bajeza; han de distar mucho la nobleza de la vileza. Préciese de que si la galantería, la generosidad y la fidelidad se perdiesen en el mundo se habían de buscar en su pecho.

Hasta en el pleito hay que cuidar las formas: vencer nunca será lo mismo que triunfar, ni dará resultados equivalentes. Derrotar al adversario no es el fin de una contienda, sino apenas el principio de lo que vendrá después: por eso importa tanto cómo se haya conseguido. Muestra mucho más la gente en la disputa que en la concordia; y lo que le vemos tarda más en olvidarse.

Nunca quejarse

La queja siempre trae descrédito. Más sirve de ejemplar de atrevimiento a la pasión que de consuelo a la compasión. Abre el paso a quien la oye para lo mismo, y es la noticia del agravio del primero disculpa del segundo. Dan pie algunos con sus quejas de las ofensiones pasadas a las venideras, y pretendiendo remedio o consuelo, solicitan la complacencia y aun el desprecio. Mejor política es celebrar obligaciones de unos para que sean empeños de otros, y el repetir favores de los ausentes es solicitarlos de los presentes, es vender crédito de unos a otros. El varón atento nunca publique ni desaires ni defectos, sí estimaciones, que sirven para tener amigos y de contener enemigos.

Hasta la queja más justa rara vez sirve de nada. Quejarse invita a que los otros lo hagan también y nos exhibe bajo la luz de la debilidad: el quejoso suele suscitar más el escarnio que la solidaridad. Es más útil aprovechar una ofensa para volverla compromiso y aludir a las virtudes de los ausentes para picar a los presentes. Nunca es bueno ventilar desaires ni defectos, alejan a los amigos y alientan a los enemigos.

No hacer negocio del no negocio

Así como algunos todo lo hacen cuento, así otros todo negocio: siempre hablan de importancia, todo lo toman de veras, reduciéndolo a pendencia y a misterio. Pocas cosas de enfado se han de tomar de propósito, que sería empeñarse sin él. Es trocar los puntos tomar a pechos lo que se ha de echar a las espaldas. Muchas cosas que eran algo, dejándolas, fueron nada; y otras que eran nada, por haber hecho caso de ellas, fueron mucho. Al principio es fácil dar fin a todo, que después no. Muchas veces hace la enfermedad el mismo remedio, ni es la peor regla del vivir el dejar estar.

Vive más tranquilo quien aprende a tomar las cosas a la ligera. No conviene darnos demasiada importancia, ni tampoco dársela a todo lo que nos sucede. Lo que pudo ser un irritante menor se convierte en un problema cuando nos lo tomamos a pecho. Muchas cosas se resuelven por sí mismas con sólo dejarlas en paz.

Ponerse bien en las materias, tomar el pulso luego a los negocios

Vanse muchos o por las ramas de un inútil discurrir, o por las hojas de una cansada verbosidad, sin topar con la substancia del caso. Dan cien vueltas rodeando un punto, cansándose y cansando, y nunca llegan al centro de la importancia. Procede de entendimientos confusos, que no se saben desembarazar. Gastan el tiempo y la paciencia en lo que habían de dejar, y después no la hay para lo que dejaron.

Es mejor no irse por las ramas sino llegar al punto, cansamos y nos cansamos. Hay quienes nunca acaban de decir lo que querían, porque en sus cabezas sólo existe confusión. Cuando gastamos nuestro tiempo y el ajeno en lo superficial, ya no queda para lo importante.

El que supiere poco, téngase siempre a lo más seguro

En toda profesión; que aunque no le tengan por sutil, le tendrán por fundamental. El que sabe puede empeñarse y obrar de fantasía; pero saber poco y arriesgarse es voluntario precipicio. Téngase siempre a la mano derecha, que no puede faltar lo asentado. A poco saber, camino real; y a toda ley, tanto del saber como del ignorar, es más cuerda la seguridad que la singularidad.

Entre menos sepas de una cosa, más riesgoso es pretender que sabes. Dárnoslas de entendidos en lo que apenas si columbramos es la forma más segura de ponernos en evidencia. El momento para explayarse es cuando pisamos territorio conocido, de otro modo lo mejor es atenerse a lo fundamental.

Huya de entrar a llenar grandes vacíos

Y, si se empeña, sea con seguridad del exceso. Es menester doblar el valor para igualar al del pasado. Así como es ardid que el que le sigue sea tal que le haga deseado, así es sutileza que el que acabó no le eclipse. Es dificultoso llenar un gran vacío, porque siempre lo pasado pareció mejor; y aun la igualdad no bastará, porque está en posesión de primero. Es, pues, necesario añadir prendas para echar a otro de su posesión en el mayor concepto.

Cuidado cuando se llega después de lo que fue muy bueno: se tendrá que ser mejor para parecer igual. Sólo hay que aceptar estos encargos cuando estamos muy seguros de nuestra capacidad y debemos entender desde un principio que tendremos que esforzarnos mucho para conseguir el aplauso.

No sea entremetido y no será desairado

Estímese, si quisiere que le estimen. Sea antes avaro que pródigo de sí. Llegue deseado y será bien recibido. Nunca venga sino llamado, ni vaya sino enviado. El que se empeña por sí, si sale mal, se carga todo el odio sobre sí; y si sale bien, no consigue el agradecimiento. Es el entremetido terrero de desprecios, y por lo mismo que se introduce con desvergüenza es tripulado en confusión.

Nunca debes meterte en donde no te llaman. Vale más pecar de distante que de aparecido. Cuando intervenimos sin que nos lo pidan cae sobre nosotros toda la responsabilidad, y aunque salgan bien las cosas es difícil que nos lo agradezcan. Los entremetidos siempre están expuestos al rechazo y su misma impertinencia los vuelve más fáciles de manipular.

Nunca competir

Toda pretensión con oposición daña el crédito. La competencia tira luego a desdorar, por deslucir. Son pocos los que hacen buena guerra, descubre la emulación los defectos que olvidó la cortesía. Vivieron muchos acreditados mientras no tuvieron émulos. El calor de la contrariedad aviva o resucita las infamias muertas, desentierra hediondeces pasadas y antepasadas. Comiénzase la competencia con manifiesto de desdoros, ayudándose de cuanto puede y no debe; y aunque a veces, y las más, no sean armas de provecho las ofensas, hace de ellas vil satisfacción a su venganza, y sacude ésta con tal aire, que hace saltar a los desaires el polvo del olvido. Siempre fue pacífica la benevolencia y benévola la reputación.

Las diputas sacan a la luz lo peor de las personas, las orillan a echar mano de recursos deleznables, ponen de manifiesto sus inclinaciones más bajas. Lo mejor es evitar conflictos, nadie sabe cuándo van a terminar, ni lo que pueden desenterrar, ni con qué van a acabar arrasando. No hay mejor reputación que no tener enemigos.

Cuando no puede uno vestirse la piel del león, vístase la de la vulpeja

Saber ceder al tiempo es exceder. El que sale con su intento nunca pierde reputación. A falta de fuerza, destreza. Por un camino o por otro: o por el real del valor, o por el atajo del artificio. Más cosas ha obrado la maña que la fuerza, y más veces vencieron los sabios a los valientes que al contrario. Cuando no se puede alcanzar la cosa, entra el desprecio.

Cuando falta la fuerza, usar la maña. Lo que importa es conseguir nuestro objetivo, no cómo lo hayamos logrado. Y lo que quede más allá de nuestras posibilidades, lo mejor es olvidarlo.

Saber vender sus cosas

No basta la intrínseca bondad de ellas, que no todos muerden la substancia, ni miran por dentro. Acuden los más adonde al concurso, van porque ven ir a otros. Es gran parte del artificio saber acreditar: unas veces celebrando, que la alabanza es solicitadora del deseo; otras, dando buen nombre, que es un gran modo de sublimar, desmintiendo siempre la afectación. El destinar para solos los entendidos es picón general, porque todos se lo piensan, y cuando no, la privación espoleará el deseo. Nunca se han de acreditar de fáciles, ni de comunes, los asuntos, que más es vulgarizarlos que facilitarlos; todos pican en lo singular por más apetecible, tanto al gusto como al ingenio.

El verdadero valor no coincide siempre con el atractivo. Mucha gente nunca pasa de la superficie y le gusta lo que ve que gusta a los demás. No sólo hay que saber hacer las cosas, hay que aprender a volverlas deseables. Descifrar el gusto ajeno es complicado, cada cosa tiene su manera de llegar.

Dejar con hambre

Hase de dejar en los labios aun con el néctar. Es el deseo medida de la estimación; hasta la material sed es treta de buen gusto picarla, pero no acabarla. Lo bueno, si poco, dos veces bueno. Es grande la baja de la segunda vez: hartazgos de agrado son peligrosos, que ocasionan desprecio a la más eterna eminencia. Única regla de agradar: coger el apetito picado con el hambre con que quedó. Si se ha de irritar, sea antes por impaciencia del deseo que por enfado de la fruición: gústase al doble de la felicidad penada.

El aprecio por las cosas lo define su escasez: no conviene abaratar las nuestras. Casi siempre gusta más lo que aparece poco, después de una larga espera, cuando se le comienza a extrañar. Toda insistencia fastidia: es mejor quedarse corto que arriesgarse a saturar.

Saber jugar del desprecio

Es treta para alcanzar las cosas depreciarlas. No se hallan comúnmente cuando se buscan, y después, al descuido, se vienen a la mano. Como todas las de acá son sombra de las eternas, participan de la sombra aquella propiedad: huyen de quien las sigue y persiguen a quien las huye. Es también el desprecio la más política venganza. Única máxima de sabios: nunca defenderse con la pluma, que deja rastro, y viene a ser más gloria de la emulación que castigo del atrevimiento. Astucia de indignos: oponerse a grandes hombres para ser celebrados por indirecta, cuando no lo merecían de derecho; que no conociéramos a muchos si no hubieran hecho caso de ellos los excelentes contrarios. No hay venganza como el olvido, que es sepultarlos en el polvo de su nada. Presumen, temerarios, hacerse eternos pegando fuego a las maravillas del mundo y de los siglos. Arte de reformar la murmuración: no hacer caso; impugnarla causa perjuicio; y si crédito, descrédito. A la emulación, complacencia, que aun aquella sombra de desdoro deslustra, ya que no oscurece del todo la mayor perfección.

Hay cosas que nos evaden cuando las perseguimos y que llegan sin mayor esfuerzo cuando las dejamos de buscar. Puede ser más eficaz la indiferencia que la insistencia. Lo mismo se aplica a nuestros enemigos: la mejor manera de combatirlos puede ser ignorarlos. Ni procurar sin descanso lo que nos cautiva, ni combatir hasta la muerte lo que nos molesta: muchas cosas lo mejor es dejarlas estar.

Saber contradecir

Es gran treta del tentar, no para empeñarse, sino para empeñar. Es el único torcedor, el que hace saltar los afectos. Es un vomitivo para los secretos la tibieza en el creer, llave del más cerrado pecho. Hácese con grande sutileza la tentativa doble de la voluntad y del juicio. Un desprecio sagaz de la misteriosa palabra del otro da caza a los secretos más profundos, y valos con suavidad bocadeando hasta traerlos a la lengua y a que den en las redes del artificioso engaño. La detención en el atento hace arrojarse a la del otro en el recato y descubre el ajeno sentir, que de otro modo era el corazón inescrutable. Una duda afectada es la más sutil ganzúa de la curiosidad para saber cuanto quisiere. Y aun para el aprender es treta del discípulo contradecir al maestro, que se empeña con más conato en la declaración y fundamento de la verdad; de suerte que la impugnación moderada da ocasión a la enseñanza cumplida.

Las verdades que no saca la curiosidad puede sacarlas el escepticismo. Nada mueve a las personas a tratar de convencernos como que les hagamos sentir que será difícil lograrlo. Rebatir no sólo sirve para ganar una discusión, sino también para mover al otro a decir lo que tal vez hubiera preferido callar. Aún en el aprendizaje, la impugnación moderada sirve para picar al maestro y moverlo a mejorar su explicación.

Valerse de la privación ajena

Que si llega a deseo, es el más eficaz torcedor. Dijeron ser nada los filósofos, y ser el todo los políticos: éstos la conocieron mejor. Hacen grada unos, para alcanzar sus fines, del deseo de los otros. Válense de la ocasión, y con la dificultad de la consecución irrítanle el apetito. Prométense más del conato de la pasión que de la tibieza de la posesión; y al paso que crece la repugnancia, se apasiona más el deseo. Gran sutileza del conseguir el intento: conservar las dependencias.

A mayor necesidad en unos, mayor oportunidad para otros. La manera de extender el apetito es no acabar de colmarlo nunca, irlo aplacando por dosis, dejar que se adivine a cada paso la posibilidad de una satisfacción mayor. Para conseguir las cosas, prolongar las dependencias.

Saber usar de los enemigos

Todas las cosas se han de saber tomar, no por el corte, que ofendan, sino por la empuñadura, que defiendan; mucho más la emulación. Al varón sabio más le aprovechan sus enemigos que al necio sus amigos. Suele allanar una malevolencia montañas de dificultad, que desconfiara de emprenderlas el favor. Fabricáronles a muchos su grandeza sus malévolos. Más fiera es la lisonja que el odio, pues remedia éste eficazmente las tachas que aquélla disimula. Hace el cuerdo espejo de la ojeriza, más fiel que el de la afición, y previene a la detracción los defectos, o los enmienda, que es grande el recato cuando se vive en frontera de una emulación, de una malevolencia.

Hasta el encono puede ser útil si lo sabemos aprovechar. La aversión de nuestros enemigos nos refleja con mayor fidelidad y nos obliga a conocernos mejor. El antagonismo interrumpe la modorra, diluye la complacencia, vuelve inevitable que enfrentemos lo que acaso hubiéramos querido seguir postergando. Hace falta oposición para estimular el desarrollo.

Saber jugar de la verdad

Es peligrosa, pero el hombre de bien no puede dejar de decirla: ahí es menester el artificio. Los diestros médicos del ánimo inventaron el modo de endulzarla, que cuando toca en desengaño es la quinta esencia de lo amargo. El buen modo se vale aquí de su destreza: con una misma verdad lisonjea uno y aporrea otro. Hase de hablar a los presentes en los pasados. Con el buen entendedor basta brujulear; y cuando nada bastare, entra el caso de enmudecer. Los príncipes no se han de curar con cosas amargas, para eso es el arte de dorar los desengaños.

La verdad es siempre peligrosa, aunque a veces sea inevitable. Nada pide más delicadeza que decirles a los demás lo que hubieran preferido seguir ignorando. Sobre todo a los poderosos, con quienes se debe exagerar la dulzura. Sirvan la indirecta, la insinuación, la alusión y hasta el silencio.

Todo lo favorable obrarlo por sí, todo lo odioso por terceros

Con lo uno se concilia la afición, con lo otro se declina la malevolencia. Mayor gusto es hacer bien que recibirlo para grandes hombres, que es felicidad de su generosidad. Pocas veces se da disgusto a otro sin tomarlo, o por compasión o por repasión. Las causas superiores no obran sin el premio o el apremio. Influya inmediatamente el bien y mediatamente el mal. Tenga dónde den los golpes del descontento, que son el odio y la murmuración. Suele ser la rabia vulgar como la canina, que, desconociendo la causa de su daño, revuelve contra el instrumento, y aunque éste no tenga la culpa principal, padece la pena de inmediato.

La autoridad sólo figura en la beneficencia, lo escabroso se lo deja siempre a sus subordinados. De ese modo recibe la gratitud y desvía el resentimiento. Lo bueno debe de mostrar su origen superior, lo malo nunca dilucidarse más allá de los instrumentos. Las mansiones necesitan pararrayos para conservar su esplendor.

Doblar los requisitos de la vida

Es doblar el vivir. No ha de ser única la dependencia, ni se ha de estrechar a una cosa sola, aunque singular. Todo ha de ser doblado, y más las causas del provecho, del favor, del gusto. Es trascendente la mutabilidad de la luna, término de la permanencia, y más las cosas que dependen de humana voluntad, que es quebradiza. Valga contra la fragilidad el retén, y sea gran regla del arte del vivir doblar las circunstancias del bien y de la comodidad: así como dobló la naturaleza los miembros más importantes y más arriesgados, así el arte los de la dependencia.

Nunca hay que esperarlo todo de una sola fuente, ni vivir atenidos a la voluntad de una sola persona, por firmes que nos puedan parecer: tarde o temprano, todo es mutable, impredecible y frágil. Conviene diversificar las relaciones, los negocios, los gustos, los afectos: la variedad enriquece la experiencia y nos protege de lo imprevisto. La naturaleza misma multiplica sus formas para perpetuarse.

Atención a que le salgan bien las cosas

Algunos ponen más la mira en el rigor de la dirección que en la felicidad del conseguir intento, pero más prepondera siempre el descrédito de la infelicidad que el abono de la diligencia. El que vence no necesita de dar satisfacciones. No perciben los más la puntualidad de las circunstancias, sino los buenos o los ruines sucesos; y así, nunca se pierde reputación cuando se consigue el intento. Todo lo dora un buen fin, aunque lo desmientan los desaciertos de los medios. Que es arte ir contra el arte cuando no se puede de otro modo conseguir la dicha del salir bien.

Apegarse por principio a los procedimientos autorizados es confundir el objetivo con el instrumento. Lo que cuenta es llegar a donde se quería, no seguir las instrucciones al pie de la letra. La fortuna siempre justifica lo que la hizo posible, por impresentable que pudiera parecer. El que gana nunca necesita dar explicaciones. Buena regla es ir contra las reglas cuando sólo así se pueden conseguir el éxito.

GLOSARIO

Gracián emplea algunas palabras con sentidos recónditos, anacrónicos o inventados, lo cual no impide que las pueda usar también en su sentido habitual. Este glosario se propone guiar al lector en cuanto al significado más evidente de algunos giros y términos difíciles o equívocos (así como el de figuras históricas y mitológicas), sin pretender agotar todas sus posibles alusiones dentro del contexto en el que aparecen.

Adriano: emperador romano del año 117 al 138 d.C.

agible: factible, hacedero.

Alejandro: conocido como Magno, rey de Macedonia del año 336 al 323 a.C.

antiperístasis: acción de dos cualidades contrarias, que por oposición se estimulan mutuamente.

Apolo: dios griego de la luz, de la razón, de la belleza y del arte.

arcanidad: misterio.

Argos: gigante de cien ojos en la mitología griega, simboliza la vigilancia.

arrimo: apoyo, ayuda, defensa, protección.

arrimamiento: insistencia, porfía.

bajío: banco de arena en el mar.

batidor: ayudante que hace ruido para levantar las presas en las partidas de caza.

conato: esfuerzo, empeño, aplicación, minuciosidad.

condición: carácter.

comunicación: trato entre personas, familiaridad.

conorte: consuelo.

defecado: depurado.

delecto: elección, deliberación.

de rondón: de golpe.

desvanecimiento: vanidad, presunción, altanería, soberbia, vanagloria.

empeño: compromiso, problema, dificultad, polémica.

émulo: rival, enemigo, contrario.

esquilmar: explotar en exceso.

excusar: evitar

famulares: sirvientes.

Fénix: ave mitológica, simboliza lo muy raro.

fino: amigo fiel.

Gran Capitán: Gonzalo Fernández de Córdoba, célebre militar español al servicio de los Reyes Católicos.

hacer del ojo: guiñar el ojo, atraer.

Homero: poeta griego, autor de *La Ilíada* y *La Odisea*.

ingenuidad: ingenio, astucia.

intención: intensidad.

irascible: voluntad de lucha.

jara: dardo, flecha.

ladear: acompañar.

lince: felino de gran agudeza visual.

llano: simple, sencillo, ordinario, vulgar.

malilla: similar al comodín en la baraja.

Minerva: diosa romana de la sabiduría.

nota: crítica, ofensa.

pasto: pastar, comer, hartarse.

pecho: tributo, obligación, compromiso.

Pitón: serpiente mitológica que custodiaba el oráculo de Delfos.

plausible: digno de aplauso, encomiable.

postillón: mozo que va a caballo delante de los correos.

reflexa: reflexión.

remonte: ponerse por encima de los demás.

reporte: detención, cautela.

retén: provisión, reserva, acopio.

retrete: aposento pequeño y recogido en la parte más secreta y
    apartada de la casa.

rozar: gastar, raer.

sagrado: refugio, lugar seguro.

sibila: profetisa.

silenciario: silencioso.

sindéresis: buen juicio.

sobrehueso: molestia, embarazo, carga.

tema: obstinación.

tentativa: tentar, incitar, poner a prueba.

terrero: blanco, diana.

torcedor: medio de presión.

varillas: insinuaciones.
vulpeja: zorro.
zahorí: vidente, adivino.

Índice

MÁXIMAS ESCOGIDAS

Del cultivo de la persona

De la relación con los demás

De la apariencia

De la mesura

Del momento

Del juicio

De la forma de proceder

El poder de la cautela de Héctor Toledano
se terminó de imprimir en enero de 2022
en los talleres de
Impresora Tauro, S.A. de C.V.
Av. Año de Juárez 343, col. Granjas San Antonio,
Ciudad de México